*»Produkte sind vergleichbar,
wesensgerechte Verkäufer nicht!«*

Bibliografische Information der Deutschen Nationalbibliothek
Die Deutsche Nationalbibliothek verzeichnet diese Publikation in der Deutschen Nationalbibliografie; detaillierte bibliografische Daten sind im Internet über http://dnb.d-nb.de abrufbar

Umschlaggestaltung: rennergraphicdesign, Wien
Satz: Vicky Kletke, Rhombos Verlag, Berlin
Bildnachweis: Zeichnungen Seite 185 - 196 von Kirsten Bacher

RHOMBOS-VERLAG
Fachverlag für Forschung, Wissenschaft und Politik
Kurfürstenstr. 17
D-10785 Berlin
www.rhombos.de
verlag@rhombos.de
Verkehrsnummer: 13597

© 2005, 2009, 2012 RHOMBOS-VERLAG, Berlin

ISBN 978-3-937231-79-2 (1. und 2. Auflage, 2005, 2009)
ISBN 978-3-941216-73-0 (Hardcover, 3. überarbeitete und erweiterte Auflage 2012)

Alle Rechte vorbehalten.
Nachdruck, auch auszugsweise, verboten.
Kein Teil dieses Werkes darf außerhalb der engen Grenzen des Urheberrechtsgesetzes ohne schriftliche Einwilligung des Verlages in irgendeiner Form (Fotokopie, Mikrofilm oder ein anderes Verfahren) reproduziert oder unter Verwendung elektronischer Systeme gespeichert, verarbeitet, vervielfältigt oder verbreitet werden.
Die Wiedergabe von Gebrauchsnamen, Handelsnamen, Warenbezeichnungen usw. in diesem Werk berechtigt auch ohne besondere Kennzeichnung nicht zu der Annahme, dass solche Namen im Sinne der Warenzeichen- und Markenschutzgesetzgebung als frei zu betrachten wären und daher von jedermann benutzt werden dürfen. Eine Haftung für die Richtigkeit der veröffentlichten Informationen kann trotz sorgfältiger Prüfung von Autor und Verlag nicht übernommen werden.

Druck: PRINT GROUP Sp. z o.o.

Printed in Poland

ISBN 978-3-941216-73-0

RHOMBOS-VERLAG

ALEXANDER KIEN
Verkauf den FISH!

Mit Magic Selling und Profilanalyse

Schenken Sie dieses Buch jedem Verkäufer, den Sie kennen!

Der Autor

Alexander Kien ist das Pseudonym von Thomas Gernbauer.

Thomas Gernbauer war selbst viele Jahre erfolgreich im Verkauf unterschiedlicher Produkte tätig. Dabei hatte er Kontakt mit Geschäftskunden wie auch mit Endverbrauchern.

Er entwickelte in jahrelangen intensiven Forschungen, begleitet von einer Vielzahl von Weiterbildungsmaßnahmen, die Ansätze, die er in diesem Buch vorstellt.

Sie können ihn als Vortragenden oder Berater buchen.

Kontakt: office@kiening.eu
Website: www.kiening.eu

Inhaltsverzeichnis

Einleitung	7
Vorerst eine Warnung	13
Die duale Welt	17
Der Pike Place Fish Market in Seattle	29
Das Gesetz der Anziehung	49
Das Eisbergmodell	55
Das individuelle Eisbergmodell	56
Das Eisbergmodell für Teams	67
Das Dilemma des Erfüllungsgehilfen	81
Eigenwert	101
Die Transaktionsanalyse	105
Erlebnis Kauf	141
Im Mittelpunkt steht der Verkäufer	143
Der Verkaufsvorgang	147
Beziehung aufbauen und Vertrauen schaffen	153
Fehler Nummer eins: Vorurteile	153
Magic Selling	163
Normalisieren	174
Small Talk	176
Aktives Zuhören	178
Kaufmotiv erhören	181
Komplimentieren	182
Den USP verkaufen	225
Die 10 Gesetze der Verkaufspsychologie	233
Die Reziprozität	233
Attraktivität durch Knappheit	234
Das Streben nach Konsequenz	235

Aktivierung und Kooperation	236
Motivation durch Etikettierung	237
Die sich selbst erfüllende Prophezeiung	238
Der Pygmalion-Effekt	239
Der paradoxe Appell	240
Die Dominanz von Emotionen	241
Der soziale Beweis	241
Die eigene Einstellung wählen	243
Die mentale Einstellung für den Verkauf	246
Spaß haben und spielen7	247
Präsent sein8	255
Mehrwert	261
Serviceorientierung	262
Das »Bild dahinter«	265
Verkaufen mit dem »Bild dahinter«	268
Die Vision lebt	271
Coaching: Leading by Motive	273
Zusammenfassung	279
Kiening Profilanalyse der Ur-Motive	281
Literatur und Anmerkungen	289
Index	290

Verkauf den FISH!

Einleitung

Als ich mit 21 Jahren nach dem Bundesheer zu arbeiten begonnen hatte, erlebte ich meine erste Identitätskrise.

Natürlich, ich war ja »erwachsen« und ich verdiente endlich mein eigenes Geld. Aber sonst? Das konnte doch nicht alles sein!

Als Vertreter im Außendienst war es meine Aufgabe, unseren Kunden oder möglichen Kunden nachzulaufen, und ihnen meine Produkte zu verkaufen.

Dabei war ich auch noch den Stimmungen der verschiedensten Menschen ausgesetzt. Ich sollte alle ihre Launen ertragen und darauf eingehen.

Ich glaube, ernst genommen hat mich damals niemand, und jeder kann sich vorstellen, dass das nicht gerade lustig war. Deshalb war meine persönliche Motivation, hier ordentliche Arbeit zu leisten, nicht sehr hoch. Ich erbrachte etwa ein Drittel dessen, was ich leisten konnte.

Ich gebe zu: Ich war damals nicht besonders fleißig. Ich verschlief meistens und »grundelte« nur »so irgendwie« vor mich hin. Am Abend ging ich fort, jammerte über »das böse Leben«. Kurz gesagt: Ich war alles andere als zufrieden. Aber

 **Verkauf den FISH!**

ich hatte keine Ahnung, wie ich meine Situation verändern könnte.

Ein typischer Arbeitstag – das hieß für mich: Frust ohne Ende. Frust über den Chef, der mich wegen eines winzigen Fehlers vor allen zur Schnecke machte. Dazu der »normale« Frust wegen der ungeliebten und nervigen Arbeit überhaupt.

Obwohl ich den Marktführer vertrat, hatte ich keine rechte Freude an meiner Arbeit. Auch die Rahmenbedingungen waren nicht gerade optimal, so schleppte ich mich bloß durch den Arbeitstag.

Hinzu kam: Ich hatte keine Schulung bekommen und niemand motivierte mich, man hatte mich einfach ins kalte Wasser geworfen; nach meinen eigenen Wünschen fragte mich niemand. Ich wollte eigentlich studieren, wie so viele meiner Bekannten und Freunde. Doch das Leben hatte anderes mit mir vor.

»Arbeit muss doch Spaß machen!« – Das war immer wieder mein Gedanke. Aber sie machte mir keinen Spaß. Noch dazu hatte ich einen Chef, der ständig herumnörgelte, an allem etwas auszusetzen hatte – kurz gesagt: der kein sehr erfreulicher Zeitgenosse war. Und das war mein Leben vor 22 Jahren.

Es geht auch ganz anders

Vieles hat sich seither verändert, ich wurde zu einem Spitzenverkäufer, habe schon in den unterschiedlichsten Branchen gearbeitet und nebenbei sogar ein Studium abgeschlossen. Dennoch habe ich nicht das erreicht, was ich eigentlich wollte. Obwohl ich immer zu den Besten gehört habe, blieb mir beispielsweise eine Management-Position bis heute verwehrt – ein Umstand, den ich bis vor Kurzem einfach nicht verstehen konnte.

Ich sehe mich als konstruktiven und positiven Menschen, der motivierbar und begeisterungsfähig ist und der auch andere Menschen motivieren und führen kann. Und als jemanden, der gute Manieren an den Tag legt und seine Aufgaben ordentlich und korrekt erledigt.

Dennoch hatte ich nie das Glück, von einem Personalchef für einen derartigen Job »entdeckt« zu werden. Und außerdem – so glaubte ich – hatte ich nie das Glück, dass meine Einstellung und meine Meinung verstanden wurden. Anfangs dachte ich immer, ich müsste doch irgendetwas falsch machen!

Bis – ja, bis ich das erste Buch über Fish! in die Hände bekam. Da wusste ich: Arbeit darf Spaß machen!

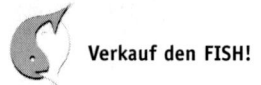

In diesem Buch war alles zusammengefasst, was ich schon seit vielen Jahren lebte und dachte. Endlich hatte ich meine geistige Heimat gefunden!

Hier fand ich den Ansatz, um meine Probleme zu lösen: Wichtig war nicht, wie die Dinge waren, sondern wie ich sie sehe.

Und das konnte ich sehr wohl ändern!

Stellen wir uns vor: Ein Überlandbus hält für eine Weile bei einer Haltestelle, die Fahrgäste steigen aus. Zu sehen ist ein großes Gebirge – das ist die »Tatsache«.

Aber was denken sich die Menschen? Der eine: »Toll, so eine grandiose Aussicht! Diese Landschaft ist wirklich herrlich!« Und der andere denkt: »Scheiß Berge und Serpentinen! Bis sich der Bus da durchquält, das kostet mich zusätzlich gute zwei Stunden!«

Ob ein Gebirge also als »schön« oder bloß als »lästiges Hindernis« gesehen wird, hängt nur vom Menschen ab. Die Berge sind immer dieselben.

Diese Erkenntnis gab mir den ersten Impuls, nicht mehr über »Tatsachen« zu jammern. Ich beschloss, stattdessen meine Sichtweise zu ändern. Und das ist eigentlich schon der ganze Trick!

Sie gestalten durch Ihr Denken, Handeln und Fühlen ihre Realität. Die Art und Weise, wie Sie über etwas denken, verändert Ihre Realität. Zuerst kommt der Gedanke, danach die Handlung, das heißt Verhalten. Damit produzieren Sie Erfahrungen und damit verknüpft sind die Gefühle. Eine neue Persönlichkeit entsteht im Verändern von Denken, Handeln und Fühlen.

Daraus ist die Idee entstanden, meine Erfolgsgeheimnisse niederzuschreiben und sie mit den Ansätzen von Fish! zu verbinden.

 **Verkauf den FISH!**

Vorerst eine Warnung

Wenn Sie dieses Buch lesen, sollten Sie offen sein für die Fülle des Lebens und für einige neue Erkenntnisse. Vor allem selbst gemachte Einschränkungen – z. B. durch Glaubenssätze, wie »Das geht bei mir sowieso nicht« oder »Bei mir ist alles anders« – sollten Sie so rasch wie möglich verabschieden!

Das geht am besten, indem Sie Ihre Glaubenssätze auf ein Blatt Papier schreiben und sich danach für eines Ihrer Elemente entscheiden: Feuer, Wasser, Erde, Luft. Ist Ihr Element das Feuer, verbrennen Sie das Blatt Papier. Ist Ihr Element das Wasser, zerreißen Sie den Zettel und spülen Sie ihn die Toilette runter. Sollten Sie sich für das Element Erde entscheiden, vergraben Sie Ihre Glaubenssätze und stampfen Sie darauf herum. Sind Sie ein luftiger Typ, zerreißen Sie den Zettel und werfen Sie ihn in die Luft. Das machen Sie immer wieder.

Auf dieser Welt ist genügend von allem vorhanden, wir leben heute in einer unglaublichen Fülle wie noch niemals zuvor. Es liegt bei Ihnen, wie viel Sie sich davon nehmen. Wie viel Sie glauben, dass Ihnen gehört. Doch reden Sie sich nichts falsches ein. Glaube versetzt zwar Berge, doch nur die Übereinstimmung zwischen Fühlen und wirklich wirklich Glauben ist der Schlüssel.

 **Verkauf den FISH!**

Dabei geht es auch um eine entsprechende Umverteilung. Das Geld fließt dem zu, der dafür bereit ist. Dazu gehört auch ein Quäntchen Demut und Dankbarkeit, das Sie sich erarbeiten sollten.

Was in der Vergangenheit war, interessiert niemanden; das Heute und das Morgen sind wesentlich. Es geschieht jetzt, jetzt und schon wieder. Es liegt in ihrer Macht ob Sie in Zukunft positive Erlebnisse aus der Quantensuppe wollen, oder ob Sie im Hamsterrad der negativen Gefühle hängen bleiben.

Und so liegt es an Ihrer Flexibilität, ob Sie die Möglichkeiten erkennen und sie so rasch wie möglich in Ihr Leben integrieren oder ob Sie weiterhin an Vergangenem festhalten und so keinen Schritt vorwärts kommen.

Dieses Buch ist für aufgeschlossene, moderne Menschen, die etwas in ihrem Leben bewegen wollen – für Menschen, die ihren Erfolg haben wollen.

Und es gibt keine Entschuldigung! Die folgenden Ausreden haben wir schon oft genug gehört:

> Gestern war es besser (in allen Varianten)!
> Das haben wir schon immer so gemacht!
> So wird es nie wieder sein!
> Da kann man halt nichts machen!
> Bei uns funktioniert das nicht!

Bei uns ist sowieso alles anders!
Ja, wenn bloß dies und das nicht wäre!
Hätten wir nur damals nicht ...! Usw.

Hier erkennt man, dass solche Sprücheklopfer gerne an der Vergangenheit hängen und sich beharrlich weigern, einen Schritt vorwärts zu machen. Sie »wissen« es ganz genau: Das kann ohnehin nichts werden!

Anders sein

Wenn du erfolgreich sein willst, musst du »anders« sein als der Durchschnitt. Nicht weniger als 80 % aller Menschen haben nichts Besseres zu tun, als ständig zu nörgeln, zu kritisieren und skeptisch zu sein. Sie sind problemorientiert. Nur ganze 20 % haben in den meisten Lebenslagen ein Ziel vor Augen. Sie sind lösungsorientiert.

Es ist schwierig mit diesen 80 % umzugehen. Denn wir laufen wie eine Mauer gegen ihre Skepsis an. Wenn Sie zu den 80 % gehören, die nichts in ihrem Leben verändern wollen, legen Sie dieses Buch am besten gleich wieder weg. Wollen Sie aber etwas verändern und in ihrem Sinne erfolgreich sein, dann willkommen bei den »erfolgreichen 20 %« der Menschheit!
Sie entscheiden selbst zwischen Erstarrung und Chancen. Jeder Mensch erhält in seinem Leben viele Chancen – aber die wenigsten werden erkannt, da die meisten an allem nur die Probleme sehen.

 **Verkauf den FISH!**

Dieses Buch ist so eine Chance – eine Chance für Sie. Doch Sie entscheiden selbst, ob Sie sie ergreifen oder wie ein Hamster im Hamsterrad immer nur weiterstrampeln möchten, ohne Aussicht auf jede Verbesserung.

Die duale Welt

Jedes Ding hat zwei Seiten, eine negative und eine positive. Entscheidend ist die Art der Betrachtung. Ich rede hier nicht vom »positiven Denken«, sondern einfach darüber, wie wir die Dinge sehen – oder besser: darüber, wie wir die Dinge sehen wollen.

Denn nur darauf kommt es an: was wir uns dabei denken, wenn wir etwas sehen. Sie glauben das nicht? Nehmen wir ein Beispiel:

Zwei Menschen sehen eine Rose. Für den einen ist sie einfach etwas Schönes, sie bereichert mit ihren prachtvollen Farben unser Leben. Aber für den anderen ist sie nur etwas, vor dem er sich besser hüten sollte, denn sonst verletzt er sich an den Dornen.

Kein Zweifel, »rein logisch« ist beides richtig: Rosen haben nun einmal Dornen und sie sind ein schöner Anblick. Aber wie verschieden ist die Bedeutung dieser Rose für unsere beiden! Für den einen Grund zur Freude, für den anderen Ursache für neue Angst.

Und wenn man schon bei so einfachen Dingen wie einer Rose völlig verschiedener Ansicht sein kann – um wie viel größer werden die Unterschiede bei so »unwägbaren« Dingen wie Ihrer beruflichen Situation sein!

 **Verkauf den FISH!**

Auch hier kann ich mich über einen Vorgesetzten ärgern und über vieles aufregen, was er tut oder sagt. Oder ich kann auch seine positiven Eigenschaften erkennen und mich um ein konstruktives Verhältnis bemühen. Das gilt natürlich auch umgekehrt für ihn – aber das »geht mich nichts an«, denn darauf habe ich keinerlei Einfluss. Aber wie ich selbst die Dinge sehe, das kann ich sehr wohl beeinflussen. Deshalb macht es Sinn, mich damit zu beschäftigen: Hier kann ich etwas verändern!

Und so ist es mit vielen Dingen. Ich kann mich beispielsweise ständig über den »ach so schlimmen« Wettbewerb und über »die bösen Kunden« ärgern. Ich kann mich bei allen Kollegen und vielleicht auch noch bei meinen Bekannten immer wieder darüber beschweren – doch was bringt es mir? Das Einzige, was ich hier gewinnen kann: den Ruf, ich käme mit meinem Beruf nicht so ganz zurecht. Worüber ich mich auch immer aufrege: Es wird dadurch keine konstruktive Lösung herauskommen. Darum geht es aber.

Die Alternative

Ich kann aber auch etwas anderes tun: Ich kann durch außergewöhnliche Maßnahmen meinen Mitbewerbern einen Schritt voraus sein. Dann werde ich auch die »Schwierigkeiten« gelassener (und realistischer) sehen. Ich werde meine Kunden nicht mehr als »Gegner« wahrnehmen, die ich »besiegen« muss, sondern als Partner, denen ich etwas erzählen kann, das ihnen weiterhilft. Und dadurch werde ich ganz von selbst ein gutes Verhältnis zu meinen Kunden aufbauen.

Nun werden Sie mit Recht fragen: »Wie geht denn das? Das kann doch nicht so einfach sein!«
Doch, es ist so einfach – genauer: Es ist ein Trick. Der Trick ist, die Dinge anders zu sehen: nicht als »unüberwindliche« Probleme, sondern als etwas, das uns zwar fordert, das wir aber mit ein wenig Anstrengung locker schaffen.

Das ist der ganze Trick – und zugleich auch die größte Schwierigkeit. Denn hier steht uns selbst vielfach einiges im Wege: unsere Glaubenssätze.

Die Glaubenssätze

Jeder Mensch trägt in seinem Inneren einige dieser Glaubenssätze: feste und unumstößliche Aussagen (meist negativ gefärbt und über sich selbst), die durch absolut nichts begründet sind, von deren Richtigkeit dieser Mensch aber felsenfest überzeugt ist:

> Ich werde nie im Leben viel Geld haben.
> Ich habe eben nie Glück bei den Frauen (Männern).
> Ich habe das nicht verdient,
> Ich bin das nicht wert,
> Dafür bin ich zu dumm, usw.

Und das scheint zunächst verrückt: Weshalb soll man sich selbst abwerten? Warum soll sich jemand einreden, er werde irgendetwas »ganz sicher« niemals können? Warum sollte jemand so etwas tun? Der Grund ist unsere kindliche Prägung.

 **Verkauf den FISH!**

Glaubenssätze entstehen ganz früh in unsere Kindheit. Durch Erlebnisse die wir nicht verstehen werden uns unbewusst Botschaften mitgegeben. Diese Botschaften stehen in direktem Zusammenhang mit negativen Gefühlen, und nach diesen Lieblingsgefühlen werden wir süchtig. Wir können oftmals gar nicht anders, denn unser Unterbewusstsein will bestätigt werden.

80 % der Menschen sehen Herausforderungen nicht als Chance, sondern als gewaltige Bedrohung, die unmöglich zu schaffen ist.

Wir erinnern uns an das Beispiel mit der Rose: Auch diese »Herausforderung« sieht dieser Mensch nur als gewaltiges Bündel von Dornen, dem er nun mit bloßen Händen entgegentreten soll. Er ist sicher: Hier kann er nichts gewinnen, er wird bloß beim Versuch verletzt.

Das Bild im Kopf

Der einzige Ausweg aus dieser Misere ist, das Bild im Kopf zu verändern. Sobald der Mensch eine Herausforderung als etwas sieht, das er bewältigen kann, ist es auch schon aus mit der Angst. Deshalb ist es einerseits »ganz einfach« und andererseits so schwer, diese Bilder im Kopf zu verändern.

Die Schwierigkeit: Es sind nicht nur Gedanken, es sind eben Glaubenssätze (engl. Fachausdruck: Beliefs) – feste Überzeugungen, an denen wir oft stark hängen und die für uns ebenso Teil unseres Lebens sind wie unsere Freunde und unsere Familienmitglieder. Und wir trennen uns in der Regel auch nur sehr schwer von ihnen. Vielfach beginnen wir sogar mit dem Gesprächspartner zu streiten, wenn zufällig einer dieser Glaubenssätze angegriffen wird.

Kurz: Unerwünschte Glaubenssätze loszuwerden, ist nicht gerade einfach.

Dabei trägt jeder Mensch eine ganze Reihe solcher Glaubenssätze mit sich herum und einige davon behindern uns in unserem Leben, sie schränken unser Leben ein und schließen uns von manchen Dingen aus. Und wir sind dabei noch überzeugt, dass es damit seine Richtigkeit hat.

Allerdings: Die meisten dieser Glaubenssätze haben sich gebildet, als wir Kinder waren. Und einige davon sind für Erwachsene nicht gerade ideal. Grund genug also, den einen oder anderen Glaubenssatz loszuwerden.

Rat und Hilfe

Eine der Methoden, die dabei hilfreich sind, ist NLP (Abkürzung für »neurolinguistisches Programmieren«). Mit dieser Methode kann ein Fachmann gezielt ein bestimmtes Bild in unserem Kopf durch ein anderes ersetzen, z. B. das Bild von dem gewaltigen Dornengestrüpp (Gefahr!) durch ein Bild, in dem wir gerade für unsere Leistung gefeiert werden (Erfolg!).

Verkauf den FISH!

Die Methode dafür lautet Swish. Dabei wird ein bestehendes Bild in einen neuen Rahmen gesetzt und durch mehrmaliges Wiederholen in einen neuen, schöneren umgewandelt.

Aber auch durch Mentaltraining können Sie alte Glaubenssätze (Bilder im Kopf) zerstören und durch neue ersetzen.

Eine neue Methode aus der Kindheit stammende Fremdprägungen aufzulösen ist EFT (Emotional Freedom Technique). Dieses Verfahren macht sich die Erkenntnisse der Quantenphysik und der Meridianlehre zu Nutze, um die negativen Gefühle die mit unseren Glaubenssätzen in Verbindung stehen, weg zu klopfen. Damit lösen sie sich auf, und wir werden frei.

Oder Sie verwenden bereits die beschriebene Methode des Abschieds – und den immer wieder.

Die Umkehrung von negativen Erlebnissen zu Positiven dauert. Wer 20 Jahre negative Erfahrungen gemacht hat, ist süchtig nach bestimmten Chemikalien, die unser Gehirn produziert. Diese Chemikalien sind unsere Gefühle. Werden diese Gefühle zu unserer Persönlichkeit, werden sie zu Glaubenssätzen. Wir sind gefangen im Hamsterrad denken - fühlen - denken - fühlen.

Verkauf den FISH!

Beispiel Fischmarkt

Wir erinnern uns: Nicht die Tatsachen sind für uns maßgebend, sondern was wir in den Dingen sehen! Hier der Beweis:

⇨ Was finden Sie beispielsweise toll daran, auf einem Fischmarkt zu arbeiten?
Objektiv betrachtet: nichts.
Die Umgebung stinkt. Jeden Abend stinken die ganze Kleidung und der Körper nach Fisch. Nach einiger Zeit stinkt wahrscheinlich auch der ganze Haushalt nach Fisch. Die Leute erkennen einen schon von weitem und vermeiden es, einem die Hand zu geben, denn »der stinkt ja nach Fisch!«
Noch dazu: Im Winter ist es eiskalt, denn es gibt keine Heizung. Ständiger Lärm führt zu einer Überbeanspruchung der Ohren. Hektik und Stress vergällen einem die Lebensfreude. Harte manuelle Arbeit zerstört langfristig die körperliche Gesundheit. Und zusätzlich ist dieser Job auf der sozialen Skala ganz unten angesiedelt.
Bestenfalls also ein Aushilfsjob ohne Perspektiven. Und schlecht bezahlt ist er auch noch. Aber das Schlimmste sind die Arbeitszeiten: täglich um fünf Uhr früh aufstehen und bis sechs Uhr abends arbeiten.

Was für ein Leben!
Tagein, tagaus – jeden Tag das glitschige Zeug in den Händen. Was für ein Trott! Ich bemitleide sämtliche Fischverkäufer auf dieser Welt.

Verkauf den FISH!

Die Ausnahme

⇨ Aber halt – doch nicht alle! Es gibt einen Fischmarkt, der sich aus diesem Hamsterrad befreien konnte. Der einen entscheidenden Schritt zusätzlich machte und der all diese negativen Dinge überwand, um auf »die andere Seite der Medaille« zu kommen.

Das Ergebnis: Plötzlich ist es dort »schick«, auf einem Fischmarkt zu arbeiten. Plötzlich ist man nicht mehr auf der unteren sozialen Rangskala. Plötzlich gehört man zu einem weltberühmten Unternehmen. Plötzlich machen der Alltag, die Arbeit und sogar der ganze Trott Spaß. Könnte das interessant werden? Sicherlich. Aber dagegen haben wir ja unsere bewährten Glaubenssätze: Das geht bei uns sowieso nicht! Denn dieser weltberühmte Fischmarkt ist in Amerika und da ist ja bekanntlich »alles anders«.

Aber halt! Ist dort wirklich alles anders? Was bitte unterscheidet denn einen Fischmarkt in Seattle von einem in Paris, Rom, Hamburg, Wien, Tokio oder anderswo? Auf allen Fischmärkten der Welt wird doch Fisch verkauft – oder etwa nicht?

Aber das betrifft uns nicht. Denn wir verkaufen keinen Fisch, sondern etwas anderes. Also, was hat das mit uns zu tun? Wirklich nichts?

Wenn wir es nicht sehen wollen: nichts.

Wenn Sie aber ein Top-Verkäufer werden und erfolgreich und lebensfroh durchs Leben gehen wollen, dann hat das eine ganze Menge miteinander zu tun.
Denn es liegt an Ihnen, für welche Seite der Medaille Sie sich entscheiden. Das gilt übrigens für den Beruf ebenso wie für die Beziehung, den Alltag und auch für das Familienleben.
So einfach ist das – wenn man will.

Doch Sie müssen dazu erst einen zusätzlichen Schritt machen: Sie müssen die Dinge bewusst von der positiven Seite sehen.

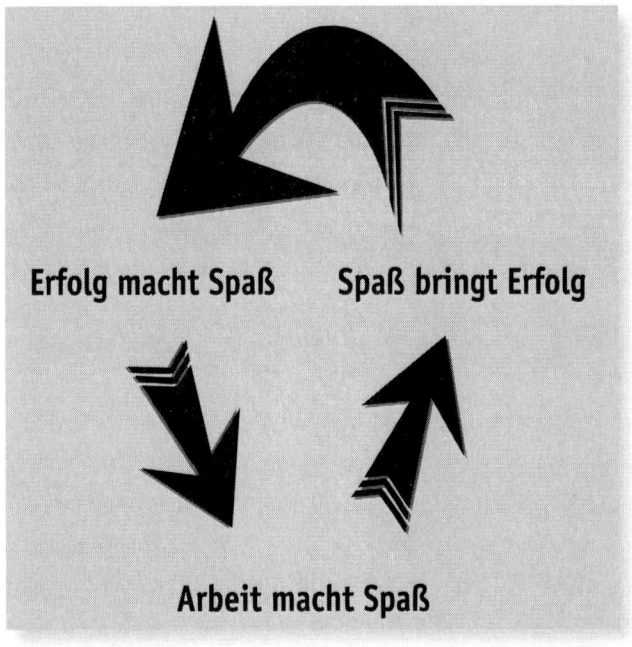

Und es ist ja so bequem, einfach »dagegen« zu sein: Man muss nichts lernen und man ist niemals an etwas schuld. Immer sind es »die Umstände« oder »der Zufall« oder »das Glück« oder gleich »das Schicksal«. Und dagegen anzugehen, das wäre doch vermessen – oder?

Negativ- und Positiv-Denker

Der Negativ-Denker hat 80% negative Gedanken und 20% positive. Der Positiv-Denker ist da schon ausgeglichener und hat 50% positive und 50% negative Gedanken. Aber wie gesagt: Wir selbst bestimmen, ob wir negative oder positive Gedanken festhalten wollen. Jeder von uns kann seine Einstellung wählen – jedes Mal wieder aufs Neue!

Wähle Deine Einstellung in dieser dualen Welt, und versuche die Dinge so zu betrachten, dass sie Dir Freude bereiten. Damit verändern wir unsere Gefühlswelt von negativen Gefühlen zu Positiven.

Nun könnte es ja wirklich sein, dass einem Menschen immer nur Negatives widerfährt. Was soll man da machen?

Auch hier gilt: Wie wir die Dinge sehen, entscheiden wir selbst in unserem Kopf! Wer also eine derartige Anziehung für negative Dinge entwickelt, sollte sich überlegen, ob das nicht etwas mit ihm selbst und mit seiner Denkweise zu tun hat. Denn wir ziehen immer das an, was zu uns und unserer augenblicklichen Stimmung passt.

Deshalb sollte dieser Mensch damit anfangen, sich selbst und seine Gedanken und Glaubenssätze zu überprüfen, ob sich nicht hier der Grund für diese negativen Erlebnisse findet.

Dankbarkeit zu entwickeln, kann ein Trick sein. Dankbarkeit zu fühlen für das wie es uns jetzt geht. Die Sorgen von Gestern sind schon vorbei, und die Sorgen der Zukunft sind noch nicht da. Also können wir Dankbarkeit erleben, wie es uns jetzt geht. In diesem Augenblick ist für uns gesorgt. Setzen Sie sich einmal hin, gönnen Sie sich die Ruhe und spüren Sie bewusst Dankbarkeit. Sie werden sehen, wenn Sie diese Übung öfter machen, werden Sie ruhiger, gelassener und zufriedener.

Ausreden sind einfach

Viel leichter und einfacher ist es natürlich, den anderen die Schuld zu geben. Im Ausreden sind wir alle Weltmeister. Bloß nicht die Verantwortung für uns selbst übernehmen, für unser Leben und für unsere Einstellung!

Dann werden wir immer genügend Probleme haben. Wir werden uns immer über genügend »Ungerechtigkeiten« und »Zumutungen« beschweren können, der Gesprächsstoff wird uns nie ausgehen.

Aus dem Hamsterrad seiner Glaubenssätze zu entfliehen, ist nicht ganz einfach, denn wir werden täglich in unserer Einstellung und unseren Glaubenssätzen bestätigt. Doch es

Verkauf den FISH!

gibt sehr wohl eine Möglichkeit, aus diesem Teufelskreis auszubrechen. Und die werde ich Ihnen vorstellen.

Der Pike Place Fish Market in Seattle

»Fünf Krebse fliegen nach Louisiana!« Fünf Krebse fliegen nach Louisiana – und schon fliegen fünf Krebse durch die Luft.

»Hi, ihr Joghurt-Fresser!« Die Leute lachen und halten ihre Joghurt-Becher in die Luft.

Wo bin ich hier? Auf dem Rummelplatz? – Nein. Ich bin bei einem höchst erfolgreichen Unternehmen gelandet: dem Pike Place Fish Market in Seattle.

Pike Place Fish ist ein Einzelhandelsfischmarkt mit einer Standfläche von ca. 366 Quadratmetern inmitten des historischen Farmer's Market in Seattle, USA.

Eigentlich ist es ein stinknormaler Fischmarkt, wie man ihn auf jedem Platz dieser Welt finden könnte. Aber – und das ist eben der Unterschied – die Verkäufer sind hier »etwas anders«. Sie schmeißen ihre Fische durch die Luft, rufen im Chor, lächeln, machen Scherze mit den Kunden und zeigen nebenbei immer wieder kleine Kunststücke.

Ein fröhliches Treiben, das richtig ansteckend wirkt. Deshalb kommen Touristen aus aller Welt, um dieses Spektakel zu

 **Verkauf den FISH!**

beobachten. Und auch die Einheimischen machen hier gerne ihre Mittagspause, um sich für den Nachmittag zu stärken. Nebenbei wird auch noch Fisch verkauft, und das sehr erfolgreich.

Woran liegt nun dieser einzigartige Erfolg?

Am Fisch kann es nicht liegen. Der Fisch ist nicht besser oder frischer als anderswo. Aber – und das ist es wohl – der Kauf ist hier einfach ein Erlebnis. Fröhlichkeit und Freundlichkeit, wohin man blickt. Einfach emotional und ansteckend.

Manche Menschen kommen extra hierher, um ihren Fisch zu kaufen. Viele kaufen spontan Fisch, obwohl sie es zuvor nicht wollten. Sie hätten diesen Abend auch etwas anderes essen können. Doch diese Fischverkäufer verkaufen sogar einem Fischer noch einen Fisch.

Marketing, wie es sein soll

Hier lebt mein Herz auf: Das ist Marketing in Reinkultur. Etwas, wovon viele schon seit vielen Jahren reden. Aber kaum einer hatte bisher den Mut, es auch in die Praxis umzusetzen.

Hier wird uns abseits von allem Gelehrten in der Praxis vorexerziert, was Marketing wirklich bedeutet. Zwar auf einem sehr einfachen Niveau, aber dafür umso erfolgreicher.

Viele Verkaufs- und Marketingleiter könnten dankbar sein wenn sie solche Verkäufer in ihren Reihen hätten. Denn dann hätten sie manche Sorge weniger.

Top-Kräfte sind Individualisten

Aber über eins müssen wir uns im Klaren sein: Diese Verkäufer sind absolute Individualisten. Jeder hat seine Eigenheiten, hat seine Spitznamen und lebt auch selbst das, wofür er steht.

Alles andere als leicht zu führen, so eine Truppe. Vor allem nicht mit Kasernenhof-Mentalität und strikten Vorgaben. Wer solche Roboter will, der bekommt sie auch. Und sie tun vielleicht sogar haargenau das, was der Chef anschafft – aber mit Sicherheit nicht ein Bisschen mehr!

Diese Fischverkäufer dagegen sind kreativ, und das lässt sich eben nicht befehlen – ebenso wenig, wie etwa Freude an der Arbeit zu haben.

Wenn Sie die Natur betrachten, so überleben erfolgreiche Systeme durch Vielfalt. Monokulturen sind vom Untergang bedroht. Daher: Je vielfältiger und bunter Ihr System, desto erfolgreicher werden Sie sein.

Der Pike Place Fish Market ist ein extrem buntes System.

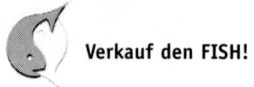
Verkauf den FISH!

Hier wird verkauft

Das Entscheidende an diesem Fischmarkt ist: Genau genommen geht es ja gar nicht um Fisch. Die Leute könnten dort alles Mögliche verkaufen und wären dennoch erfolgreich.

Sie haben ein System erschaffen, in dem Energie generiert wird, in dem die Begeisterung jeden Tag aufs Neue erschaffen wird.

Doch Begeisterung lässt sich nicht erzwingen. Dazu gehört auch ein bisschen Führungskunst. Ziele vereinbaren, die die Verkäufer auch begeistern. Einen Rahmen schaffen, in der sich die Individualität auch entfalten kann - eine sogenannte erwachsene Organisation.

Doch viele suchen Leute, die zum Unternehmen »passen« und nicht Menschen, die ihre Marke richtig repräsentieren können. Und da liegt das Problem, denn gerade derartige Top-Verkäufer sind nicht einfach zu führen.

Diese Fischverkäufer gehören nicht zur Bildungselite, aber sie sind vielen Verkäufern einen Schritt voraus: Sie kümmern sich um das Wesentliche.

Sie füllen die Marke Pike Place Fish Market mit Leben. Und darauf kommt es an. Jeden noch so schönen Prospekt, jede noch so schöne Werbung können Sie vergessen, wenn Sie keine Verkäufer haben, die das mit Leben füllen. Und dazu gehört eben auch eine gewisse Portion Show und schauspielerisches Talent.

Warum eigentlich?

Eine Frage sollte man sich eigentlich bei jedem Produkt stellen, das man an den Mann bringen will. Und das ist die Schlüsselfrage:

Warum sollte ich ausgerechnet am »world-famous Pike Place Fish Market« meine Fische kaufen? Es gibt genügend andere Fischverkäufer in Seattle. Und es gibt genügend andere Angebote an Speisen. Warum sollte ich also gerade dieses Produkt kaufen? Wir leben ja im Schlaraffenland mit einer unglaublichen Auswahl an Angeboten.

Wenn ich die Antwort darauf weiß, habe ich begriffen, worauf es beim Verkaufen wirklich ankommt.

Natürlich kann man auch einfach »Werbung machen« – Flugzettel verteilen, Anzeigen schalten, Plakate kleben und Werbespots im TV senden. Und das ist das ganze Allheilmittel? Nur genügend Werbung, und alles wird gut?

Eines ist dabei ganz sicher: Hier werden Millionen verschleudert, um die Kunden zum Kaufen zu bewegen. Egal, ob die Werbung Erfolg bringt oder nicht.
Viel besser wäre es, stattdessen in die Verkäufer zu investieren – und gerade da wird oft vieles falsch gemacht.

 **Verkauf den FISH!**

Der dressierte Verkäufer

Am meisten muss ich immer lachen, wenn mir ein sogenannter geschulter Verkäufer gegenübersitzt. Vielleicht hervorragend auf sein Produkt geschult, aber vom »Verkaufen« selbst wenig Ahnung. Stattdessen wird Schritt für Schritt ein brav gelerntes Programm abgespult. Das könnte allerdings auch ein Tonbandgerät, dazu brauche ich keinen Verkäufer!

Einmal wollte ich eine Hausratsversicherung abschließen und es kam solch ein »geschulter« Verkäufer. Ich erklärte ihm zwar schon beim Eintritt, er müsste mich nicht mehr überzeugen, ich wollte ohnehin abschließen – aber das war und ist bei einem dressierten Verkäufer verlorene Mühe. Unerbittlich lief auch schon sein Programm an:
Es begann mit einem auswendig gelernten Statement, wie gefährlich doch das Leben wäre, bedroht durch viele Gefahren, sowohl bei der Arbeit wie auch im Straßenverkehr. Wie oft drohten Verletzung, Verstümmelung und Invalidität und manchmal sogar der Tod.
Als besonderen psychologischen Gag schrieb er dabei das Wort »TOD« in großen Blockbuchstaben auf einen Zettel und ließ ihn mitten am Tisch liegen, um dazu auch noch – was für eine Glanzleistung an einstudierter »Melodramatik« – zehn Sekunden »bedeutungsvoll« zu schweigen.

Was diese ganze Nummer mit dem »TOD« übrigens ausgerechnet mit (m)einer Hausratsversicherung zu tun haben sollte, weiß ich bis heute nicht. Bei einer Lebensversicherung mag man vielleicht noch an den Tod denken, aber bei Hausrat? Eine Hausratsversicherung ist doch bei einem Todesfall völlig nutzlos!

Ich wollte ihn nun etwas antreiben. Ich hatte wenig Zeit und bat ihn, er möge sich doch diesen einstudierten Zirkus ersparen und mir bitte nur das Formular fertig ausfüllen und zur Unterschrift reichen – aber weit gefehlt: Hier stieß ich auf völlige Verständnislosigkeit. Er war offenbar ausschließlich darauf ausgebildet, sein Programm von A bis Z abzuliefern, etwas anderes – beispielsweise selbständig handeln und entscheiden – konnte oder durfte er dabei wohl überhaupt nicht.

Bis er seinen gesamten Vortrag angebracht und ich dann endlich den Vertrag unterschreiben konnte, war eine knappe Dreiviertelstunde vergangen – aber bevor er mir den Vertrag ausfüllen und zur Unterschrift reichen konnte, musste er eben erst sein gesamtes Programm erfolgreich herunterbeten.

Hätte ich diese Hausratsversicherung nicht dringend gebraucht, so hätte ich diesen »dressierten Verkäufer« am liebsten hinausgeworfen, einen »Mitarbeiter«, der nicht einmal imstande war, mir einfach und ohne Zeitverlust einen Vertrag zur Unterschrift fertig zu machen.

Wie man auch hier wieder sieht: Wer nichts anderes als Roboter haben will, der bekommt sie auch. Mit allen Konsequenzen, wie dieses Erlebnis beweist.

Auch derjenige »Verkaufsexperte«, der diesen jungen Mann so »dressiert« hat, wäre höchstwahrscheinlich im Zirkus beim Abrichten von Tieren besser aufgehoben als bei der Ausbildung junger Verkäufer; dort könnte er auf jeden Fall weniger kaputtmachen.

Lernen wir lieber von den Fischverkäufern in Seattle: Nehmen auch wir die Chance wahr und schrauben wir einmal an der Ertragsseite und nicht immer nur an der Kostenseite! Verändern wir einmal nicht den materiellen Aufwand, sondern unsere Einstellung zur Arbeit – und der Erfolg wird uns Recht geben!

**Die Geschichte des Pike Place Fish Market
oder: Vom Fischmarkt zur Touristenattraktion**[1]

John Yokoyama entschloss sich im Jahr 1965 im Alter von 25 Jahren, seinem damaligen Arbeitgeber die Firma Pike Place Fish abzukaufen. Pike Place Fish war zu dieser Zeit nichts weiter als ein einfacher, kleiner Fischstand, und sein Eigentümer hatte schon mehrmals erfolglos versucht, einen Käufer für sein Geschäft zu finden.

Nach anfänglichem Zögern aufgrund der Verantwortung, die er mit diesem Kauf übernehmen würde, war es schließlich der finanzielle Aspekt, der John Yokoyama zu diesem Schritt führte. Er hatte Ratenzahlungen für sein neues Auto zu leisten und sein Lohn von 150 US-$ wöchentlich reichte dafür kaum aus. Er versprach sich deshalb als Eigentümer von Pike Place Fish einen besseren Verdienst. Und um mit diesem Geschäft auch tatsächlich sein Auskommen zu haben, arbeitete er in den nächsten 20 Jahren sehr hart.

1986 wollte John Yokoyama durch den Einbezug des Großhandels expandieren – ein großer Fehler, der seinen Fischmarkt in nur neun Monaten an den Rand des Ruins brachte. Zu diesem Zeitpunkt trat Jim Bergquist in sein Leben. Der Berater von BizFutures überzeugte John Yokoyama während einer dreimonatigen Probe-Zusammenarbeit, dass Pike Place Fish durchaus eine außergewöhnliche Zukunft vor sich hatte.

Die Wirtschaftlichkeit[2]

Die Anzahl der Beschäftigten bei Pike Place Fish stieg von sechs (1965) auf 21 Mitarbeiter bei geringer Fluktuation an. Der Umsatz vervierfachte sich in den letzten zehn Jahren, obwohl die Standfläche gleich geblieben ist.

Die Kosten sind von 77 % auf 54 % gefallen, dies bedeutet eine Steigerung des Bruttogewinns von 43 %. Die Mitarbeiter setzen sich ihre eigenen Umsatzziele und bekommen Bonifikationen. Sie verwirklichten die Idee einer eigenen Website und verkaufen seitdem erfolgreich auch über das Internet.

Als John Yokoyama im Januar 2002 aufgrund schlechter Umsätze schon an Arbeitszeitkürzungen dachte, gelang es seinen positiv eingestellten Mitarbeitern aus eigener Kraft, durch effektives Telemarketing die Umsätze in Rekordhöhe zu treiben.

Am Anfang steht die Vision

Auch der Pike Place Fish Market war auch einmal unbekannt und dümpelte einfach so vor sich hin. Die Mitarbeiter dort taten eben ihre Arbeit, sicherlich genauso ordentlich wie alle anderen. Doch niemand nahm Notiz von ihnen. Objektiv gesehen eben eine Tretmühle wie so viele andere Unternehmen.

Vom Fischmarkt zur Attraktion

Doch eines Tages kam die Vision, man beschloss: »Wir machen unseren Fischmarkt zu einer Attraktion, zum world-famous Pike Place Fish Market.«

Sicher ein ungewöhnlicher Entschluss. Und ziemlich verrückt für so etwas Langweiliges wie einen Fischmarkt. Was kann ausgerechnet an einem Fischmarkt schon »weltberühmt« sein?

Noch dazu sollte das alles mit den ganz normalen Mitarbeitern realisiert werden, mit »Menschen wie du und ich«. Aber es wäre wohl keine Vision, wenn sie nicht etwas verrückt wäre! Verrücktheit – genauer: alles, was Außenstehende für verrückt halten, wenn sie die Idee nicht begreifen – hat eine lange Tradition. Wir verdanken viele große Erfindungen solchen »Verrückten«.

Verkauf den FISH!

Thomas Alva Edison war zeit seines Lebens so ein »Verrückter«. Ein Einzelgänger, abgestempelt von seiner Umgebung. Er brauchte 1 500 Versuche, bis es ihm gelang, die Glühbirne zu erfinden, und heute wird er dafür (und für seine viele anderen Erfindungen) gefeiert.

Walt Disney musste für sein erstes Projekt mit über hundert Banken verhandeln.

Der Red-Bull-Erfinder konnte über zwei Jahre keine Finanziers finden. Usw.

Doch sie alle haben es geschafft. Den Pionieren und Visionären gehört die Welt!

Marktforschung statt Ideen?

Leider stoßen sie in den meisten Fällen auf Unverständnis und Angst. Daher hat das Marketing auch die Marktforschung erfunden. Entscheidungen werden doppelt und dreifach abgesichert.

Wenn Thomas Alva Edison zuerst eine solche Marktforschung veranstaltet hätte, ob irgendwer eine »Glühbirne« braucht – was wäre da wohl herausgekommen?

»Wir haben doch ohnehin die Öllampe. Was brauchen wir eine Glühbirne? Und überhaupt: Woher sollten die Kunden

denn die Elektrizität dafür nehmen?« Edison sah darin kein Problem. Er erfand die Stromversorgung gleich mit dazu.
Jeder Fortschritt wäre undenkbar ohne die Visionäre und Pioniere, die der innovativen Idee den Weg bahnen.

Ein Visionär muss eine ziemlich starke Persönlichkeit sein, denn er wird ständig mit Aussagen konfrontiert, wie z. B.:
»Das schaffst du nie!«
»Das ist verrückt!«
»Das ist völlig unmöglich!«

Er wird als Phantast und Spinner abgestempelt. Daher haben von hundert Innovationen auch nur drei die Chance, mit ihren Ideen zum Durchbruch zu gelangen.
Gerade die Investitionen für einen Markenaufbau gehen heute ins Unermessliche. Doch Gott sei Dank gibt es heute das Internet. Hier schaffen es sogar Low-Budget-Companies, zum Weltmarktführer aufzusteigen.

Alles ohne Werbung

Doch zurück zu unserem unbekannten Fischmarkt. Am Anfang stand auch hier die Vision und sie hat meistens noch sehr wenig mit materiellen Zielen zu tun. Aber wie dem auch sei: Wie setzt man sie um?

Braucht man da nicht Unsummen für Werbung und Marketing oder nicht zumindest einen Hollywood-Star oder sonst einen Prominenten als Leitfigur?

Verkauf den FISH!

Eben nicht!

Das Geheimnis ist: Der Erste macht das Rennen. Die Kopien werden dann sicherlich folgen, doch das Original bleibt das Original. Nicht die Großen fressen die Kleinen, sondern die Schnellen die Langsamen.

Was auf jeden Fall dazugehört, sind Innovationskraft, Durchsetzungsvermögen und Beharrlichkeit. Und etwas Glück ist ebenfalls sehr hilfreich.

Zurück zum Jahr 1986: Unsere Fischverkäufer wollten also »irgendwie« weltberühmt werden. Nun – das haben sie inzwischen geschafft.
Am Anfang waren sie sicher nur »die Verrückten vom Pike Place Fish Market«.

→ Das schafft ihr nie!
→ Das ist völlig unmöglich!

So riefen die Unkenrufer. Sie erinnern sich: Sehen vor allem nur die Schwierigkeiten und sind erst dagegen – schon aus Prinzip. Denn wenn es schief geht, haben die es »immer schon gewusst«. Und falls es doch gut ausgehen sollte, dann ist das Urteil einfach: »Das war nur Glück. Und stellt euch vor, dieses Risiko! Wenn das schief gegangen wäre! Nicht auszudenken, die Folgen.« Und damit wird aus dem wagemutigen Unternehmer sogar dann ein unverantwortlich leichtsinniger Zeitgenosse, wenn er tatsächlich Erfolg hatte.

Verkauf den FISH!

Ist das nicht toll, wie man fast alles kaputtreden kann, vor allem den Erfolg der anderen?

Immer nur ein erster Schritt

Das Einzige, was John Yokoyama dazu brauchte – und das Einzige, was auch Sie zum Erfolg brauchen: ein erster Schritt. Abschied von der Vergangenheit. Und das immer wieder. Immer wieder ein erster Schritt. Die Ergebnisse ansehen und den nächsten ersten Schritt setzen.

Ergebnisse SOFORT![3]

⇨ Und die Idee mit dem »weltberühmten Fischmarkt« war erfolgreich. Innerhalb der ersten drei Monate kamen die Reporter der Goodwill Games zu Pike Place Fish und trugen die Bilder in die Welt hinaus. Einige Mitarbeiter bekamen Rollen in dem Hollywood-Film »Free Willy«.

Ein Fischhändler bewarb sich mit seinem interessanten Beruf als weltberühmter Fischhändler bei MTV. Spike Lee drehte einen Levi's-501-Werbespot mit Pike Place Fish. Verschiedene Fernsehsender (ABCs »Good Morning America«, NBCs »Frasier«, MTVs »Real World«, CBS' »Sunday Morning«) und Magazine (People, Fast Company) berichteten vom Pike-Place-Fischmarkt.

Verkauf den FISH!

Letztendlich verschafften die Mitarbeiter Pike Place Fish einen Eintrag in das Guinness-Buch der Rekorde: Sie hatten in 30 Sekunden 16 Fische einhändig gefangen. CNN kürte Pike Place Fish im März 2001 zum »lustigsten Arbeitsplatz in den USA«.

Und nun zu den Kosten: Abgesehen vom Einsatz der Mitarbeiter gab es keine Kosten. Mit Ausnahme der Kosten für seine Internetseite hat Pike Place Fish keinen einzigen Cent in Werbung und Öffentlichkeitsarbeit investiert.

Mut zur Vision!

Haben Sie Mut zu einer Vision – und wenn sie noch so verrückt klingt. Und auch wenn Sie nur die Hälfte davon erreichen, haben Sie schon sehr viel gewonnen. Und wenn es nicht beim ersten Mal klappt, vielleicht beim nächsten Mal.

Aber verlassen Sie sich nicht auf die heute so beliebten »Motivations-Gurus«. Eine »Vision« hat nichts mit materiellen Zielen zu tun, zumindest nicht immer. Ihre ganz persönliche Vision dagegen kann auch mit ganz anderen Motiven zu tun haben.

Der »Grund für den Grund«

Was immer wir unternehmen, wir haben einen Grund dazu. Wir wollen etwas erreichen. Und hier sprechen wir von einem

»Ur-Motiv«. Man könnte das als »das Ziel hinter dem Ziel« bezeichnen.

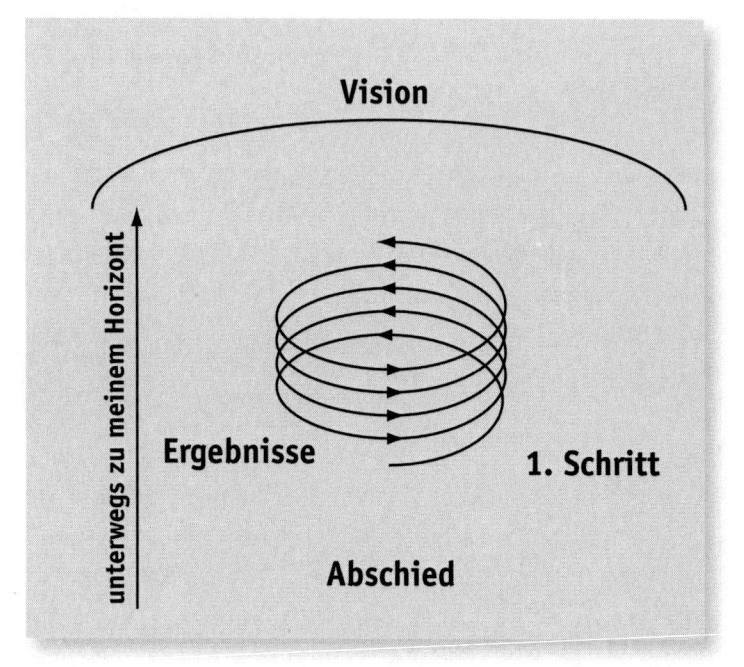

Vision

unterwegs zu meinem Horizont

Ergebnisse

1. Schritt

Abschied

Nicht klar? Vielleicht hilft ein Beispiel: Eine Frau hat zwar alles, ihr Mann verdient gut, aber trotzdem will sie wieder arbeiten. Sie will vielleicht wieder als Sekretärin anfangen oder selbst ein kleines Geschäft aufmachen. Das ist ihr Ziel. Und das Meta-Ziel, der Grund für diesen Wunsch? Hier hilft uns folgende Liste weiter. Zwölf verschiedene Motivationen könnten dahinterstehen, denn grundsätzlich gibt es zwölf verschiedene Ur-Motive:

1: Erfolg, Triumph, an die Spitze, Erobern
2: Geld und Besitz, Materie und Werte
3: Neugierde (Abwechslung, Kontakte, Wissen)
4: Familiäres Arbeitsklima und Bemuttern
5: Mittelpunktstreben, Dominanz, berühmt werden
6: Arbeiten, Dienen, Freude an Präzision
7: Harmonie, Vermitteln, Liebe
8: Macht, Missionieren, Idealismus
9: Weiterbildung, Wachstum, Expansion
10: Leistung aus Verantwortung, Karriere
11: Unabhängigkeit, Außergewöhnlichkeit, Erfindungen
12: Helfen, Träume verwirklichen, Kunst

Wenn die Frau finanziell gesichert lebt, entfällt z. B. der 2. Grund (finanzielle Vorteile). Dann könnte z. B. der Punkt 1 (persönlicher Erfolg) für sie maßgebend sein, wenn sie z. B. im Beruf jenen Erfolg sucht, den sie als »Nur-Ehefrau« zu Hause vermisst. In diesem Fall wird sie wohl eher eine selbständige Tätigkeit suchen und kaum einen untergeordneten Job anstreben.

Wenn ihr im Lauf der Jahre daheim einfach langweilig geworden ist, könnte Punkt 3 (Neugierde, Suche nach Abwechslung) dieser Liste der Grund sein. Dann wird sie sich wohl dort am wohlsten fühlen, wo sie »mitten im Trubel« ist und mit vielen Menschen zu tun hat.

Und ist Punkt 6 (Arbeiten, Dienen) der Grund, dann wird sie sicher eine hervorragende Chefsekretärin sein – allerdings kann sie das dann ohne weiteres auch in der Firma ihres Mannes tun.

Kein Motiv aus dieser Liste ist schlechter oder besser als die anderen. Aber machen Sie den Test am Ende des Buches, und leiten Sie daraus Ihre persönliche Vision ab. Das Geld kommt dann schon von alleine.

Umsatzziele als Motivation sind nur für den Typ 2, Typ 5 und Typ 10 geeignet, hier wird eine Menge Fehler gemacht, da es sich in der Wirtschaft eingebürgert hat, rein materielle Ziele aufzustellen, auch wenn die Gründe, die uns bewegen, in Wahrheit anderswo liegen.

Selbst ausprobieren!

Lassen Sie sich dabei nicht davon aufhalten, dass Ihre Vision bei anderen nicht »funktioniert« hat. Denn jeder hat seine ganz eigene Art und Weise, die Dinge zu tun – und deshalb können die Ergebnisse sehr unterschiedlich ausfallen, wenn zwei verschiedene Menschen scheinbar das Gleiche versuchen.

Ein typisches Beispiel dafür finden wir im Gastgewerbe. Immer wieder bemerken wir, dass ein altbekanntes Gasthaus oder Café von einem neuen Besitzer übernommen wurde – und plötzlich ist alles anders. Neue Gäste tauchen auf, viele alte Stammgäste bleiben aus und in kurzer Zeit hat das ganze Lokal einen völlig anderen Charakter angenommen.

Verkauf den FISH!

Dabei tun doch beide das Gleiche: Der neue Besitzer bietet die gleichen Speisen und Getränke an wie der alte und bemüht sich ebenfalls, gute Qualität zu liefern. Und trotzdem bewirkt seine Anwesenheit etwas ganz anderes.

WICHTIG: Was bei anderen passiert, muss nicht auch bei Ihnen passieren. Das gilt für Erfolg genauso wie für Misserfolg. Die Erfahrungen der anderen müssen nicht Ihre sein. Probieren Sie es daher unbedingt selbst aus!

Hören Sie daher nicht auf die Unkenrufer, die Ihnen einreden wollen: »Das haben andere auch schon probiert!« Die gibt es immer – und sie haben nicht immer Recht!

Verkauf den FISH!

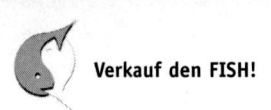

Das Gesetz der Anziehung

Dieses Kapitel hat einen philosophischen Charakter, da wir Erfolg oder Misserfolg von einer »Meta-Ebene« (einer dahinter liegenden Ebene) betrachten wollen.

Wie schon einmal gesagt, herrscht eine unglaubliche Fülle auf dieser Welt. Es liegt in Ihrer Entscheidung, wie viel Sie davon nehmen wollen. Aber am Anfang auf diesem Weg stehen immer Ihre Vision und der erste Schritt. Sie müssen selbst etwas tun, wenn Sie Ihr Leben erfolgreicher gestalten möchten.

Und nur »eine Vision zu haben«, das reicht noch nicht aus. Diese Vision muss auch umgesetzt werden – und das bedeutet Arbeit. Es kann ganz leicht, aber auch recht schwierig sein.

Was passt zu mir?

Als Erstes sollten Sie sich im Klaren sein, wo Sie im Augenblick stehen. Stellen Sie sich für den Anfang folgende Fragen:

- Wie hoch ist meine Abschlussquote?
- Passt mein Umsatz?
- An welcher Stelle stehe ich im Verkaufsranking?
- Passt das Produkt überhaupt zu mir?
- Passt die Firma überhaupt zu mir?

- Wie ist das Verhältnis zu meinem Vorgesetzten?
- Wie zu meinen Kollegen?
- Gibt es einen Mentor oder Coach für mich?
- Verdiene ich genug?
- Was habe ich für Kunden?
- Wie ist der Markt?
- Was macht die Konkurrenz?

Überlegen Sie sich diese Fragen gut, denn dies ist Ihre Ausgangssituation. Alle diese Punkte sind ein Teil von Ihnen. Sie haben genau Ihre persönliche Situation angezogen.

Und vertrauen Sie dabei ruhig auf Ihre »innere Stimme«, Ihr Unterbewusstsein weiß genau, was es braucht und in welchem »Hamsterrad« Sie gerade feststecken.

Klammern Sie sich dabei nicht gleich an die erstbeste Idee. Lassen Sie stattdessen lieber Ihr Unterbewusstsein arbeiten! Irgendwann werden Sie bemerken, dass Ihre Gedanken immer öfter zu einer bestimmten Idee zurückkehren. Und etwas später sind Sie auf einmal ganz sicher: »Das ist es!«

Ob die Idee aus einem Zeitungsartikel stammt oder durch ein Gespräch oder eine Fernsehsendung ausgelöst wurde, ist egal; das Unterbewusstsein sucht sich ganz genau das, was es braucht.

Wenn Sie Ihre persönliche Vision entwickelt haben, geht es nun darum, Ihre »Anziehung« für diese Ideen zu steigern und

Verkauf den FISH!

Schritt für Schritt Ihre Denkweise und Ihre Denkgewohnheiten zu verändern.

Hier gibt es allerdings einen entscheidenden Faktor: die Zeit. Wer jahrelang in einem »Hamsterrad« gefangen war, der kann nicht erwarten, dass sich von heute auf morgen alles verändert.

Um sich zu einer Verkaufspersönlichkeit zu entwickeln, müssen Sie sich erst in Bewegung setzen, um einige Schritte zu gehen. Um Ihre Anziehung zu verändern, müssen Sie erst Ihre Glaubenssätze, Erwartungen und Ihre Einstellung verändern. Viele negative Erlebnisse der Vergangenheit müssen erst aufgelöst und bearbeitet werden.

Um Ihre Glaubenssätze, Erwartungen und Einstellungen zu verändern, gibt es eine Reihe von Möglichkeiten: Psychotherapie, Psychodrama, für die ganz mutigen eine Psychoanalyse. Oder alternative Methoden wie Familienstellen oder »Three in one concept«.

Alles Sichtbare ist ein Gleichnis, hat Goethe gesagt.

Das heißt, alles, was außerhalb Ihres Körpers liegt, hat mit Ihrem Unterbewusstsein zu tun: die Menschen, die Sie umgeben, Ihre Wohnung, die Wohnungseinrichtung, Ihre Ernährung, Ihr Bankkonto, Ihr Auto, Ihre berufliche Situation usw. Das alles ist ein Gleichnis für Ihre innerseelische Situation. Wenn Sie also erfolgreicher werden wollen, reicht es nicht, nur Äußerlichkeiten zu verändern. Sie müssen auch

Ihr Unterbewusstsein verändern. Und im selben Ausmaß, wie sich Ihr Unterbewusstsein verändert, wird sich auch Ihre Anziehung verändern. Andere Leute werden in Ihr Leben treten, die Sie hierbei unterstützen, und Schritt für Schritt wird sich auch der Erfolg einstellen.

Um sein Unterbewusstsein nachhaltig zu verändern, gibt es die exzellente Methode des Mentaltrainings. Hier kriegen Sie Zugang zu Ihrem Unterbewusstsein und können Ihre innerseelische Disposition umprogrammieren. Haben Sie beispielsweise immer ein negatives Bankkonto, dann müssen Sie etwas an Ihrem Eigenwert schrauben. Das geht z. B. so: Sie versetzen sich in Tiefenentspannung und programmieren auf Ihrer Ziel-Leinwand, sich selbst, wie Sie auf einem Haufen Gold sitzen, der langsam immer größer wird. Damit steigern Sie Ihren Eigenwert und somit auch die Geldanziehung. Das erfordert einiges an Übung und Wiederholung und passiert natürlich nicht gleich.

Das Gleiche gilt für Firmen, die einen Relaunch oder eine Umpositionierung durchführen: Es reicht nicht, nur den Marktauftritt zu verändern, sprich die grafische Gestaltung nach außen hin neu zu entwerfen. Hier kratzen Sie nur an der Oberfläche, ohne wirkliche Auswirkung auf die Unternehmenskultur oder auf die Denkweise der Mitarbeiter. Auch die beteiligten Menschen und Repräsentanten müssen sich verändern. Es braucht eine Veränderung der gesamten Unternehmenskultur.

Was für einzelne Menschen gilt, gilt auch für Unternehmen. Auch ein Unternehmen hat ein kollektives Unterbewusstsein und eine ganz spezifische Anziehung. Die hängt davon ab, ob es ein Einzelunternehmen oder eine Gesellschaft ist. Bei einem Einzelunternehmen hängt alles vom Firmeninhaber ab. Seine spezifische Situation ist ausschlaggebend für die Anziehung der Firma. Bei Gesellschaften gilt das Team der Gesellschafter, der Geschäftsführung und des Aufsichtsrates.

Im Falle unseres Fischmarktes steht an erster Stelle der Firmeneigentümer John Yokoyama. Seine innerseelische Disposition ist entscheidend, ob sein Fischmarkt berühmt wird oder nicht, welche Mitarbeiter ihn dabei unterstützen und welche Kunden bei ihm kaufen. Sein Einfluss ist entscheidend auf die Unternehmenskultur.

Wenn er sich also dazu entschließt: »Mein Unternehmen wird weltberühmt«, braucht es einiges an kreativen Veränderungen. Das Denken und Handeln aller Beteiligten muss sich verändern. Das Miteinander muss anders werden, und der eine oder andere Mitarbeiter, der nicht mehr zu dieser Kultur passt, muss ausgetauscht werden.

Verkauf den FISH!

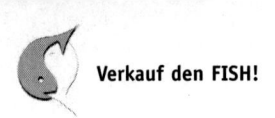

Das Eisbergmodell

Eisberge sind etwas Geheimnisvolles: Nur rund ein Siebtel davon ist zu sehen, der weitaus größte Teil dagegen bleibt unter dem Wasserspiegel verborgen.

Nicht ohne Grund ist das Eisbergmodell danach benannt. Es ist für uns in zweierlei Hinsicht interessant: einerseits für die Betrachtung einer ganzen Organisation und andererseits für die Betrachtung der einzelnen Beteiligten.

Wie bereits im Gesetz der Anziehung beschrieben, hat jeder Einzelne seinen ganz persönlichen Magnetismus, seine ganz besonderen Eigenschaften und seine Affinität gegenüber bestimmten Dingen, bestimmten Ereignissen und bestimmten Menschen.

Dies ist eine äußerst individuelle Angelegenheit, dieses Verhältnis zwischen den Menschen hängt stark von den beteiligten Personen ab. Es verändert sich in der Partnerschaft, mit jeder Änderung in der Gruppe und ebenso auch mit jeder personellen Änderung in einer Abteilung bzw. einer Firma.

Der individuellen Zusammensetzung einer Gruppe oder eines Teams kommt daher eine ganz entscheidende Bedeutung zu.

■ Das individuelle Eisbergmodell

Man geht davon aus, dass auch das Bewusstsein aus zwei Teilen besteht. Dabei macht – und das ist das Wesentliche daran – unser normales TagesBewusstsein nur ein Siebtel davon aus; nicht weniger als sechs Siebtel bilden das Unterbewusstsein.

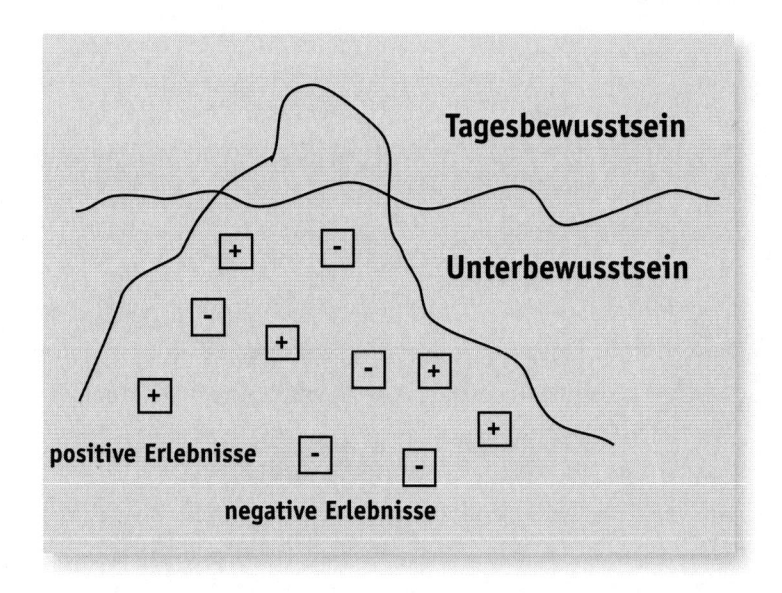

[Abbildung: Eisbergmodell mit Tagesbewusstsein oberhalb und Unterbewusstsein unterhalb der Wasserlinie, positive und negative Erlebnisse als + und - markiert]

Im Unterbewusstsein werden alle Erlebnisse unseres Lebens abgespeichert, die positiven ebenso wie die negativen. Diese Erlebnisse wollen im Außen permanent bestätigt werden. Das heißt: Wir sind »Wiederholics«, wir probieren immer wieder auf die gleiche Art und Weise, unsere Probleme zu lösen. Wie oft scheitern wir immer wieder an den gleichen Aufgaben? Wie oft erleben wir die gleichen Dinge, die uns immer wieder verletzen?

Oft nehmen wir selbst gewählte (und nicht selten unvorteilhafte) Rollen ein, die wir uns im Lauf der Zeit hart erarbeitet haben und an die wir uns gewöhnt haben – wie der sprichwörtliche Hund an die Schläge. Nur sind dies eben Rollen, die uns nicht unbedingt gut tun.

Der »Glaube an den Misserfolg«

Ein Beispiel, das uns überall wieder begegnet, sind Mitarbeiter, die einfach »dagegen« sind. Was immer jemand vorschlägt: Sie sagen nein dazu, lehnen sämtliche Vorschläge ab und sind auch selbst nicht bereit, eigene Ideen oder Vorschläge zu entwickeln.

Der Grund: Sie sehen sich selbst schlichtweg als »erfolglos«. Und wer zeit seines Lebens gewohnt ist, immer wieder zu versagen, der kann sich dann nach einigen Jahren einer solchen »Karriere« kaum mehr vorstellen, einmal wirklich erfolgreich zu sein. Deshalb ist solch ein Mensch insgeheim bei jedem neuen Projekt wieder aufs Neue davon überzeugt, dass »aus diesem Ding doch niemals etwas werden kann«.

Er »weiß« das, er glaubt daran felsenfest, denn er ist ein hochkarätiger Experte – allerdings nur, soweit es das Versagen betrifft.
Dementsprechend wird er im Lauf der Jahre meist auch sehr gute Strategien entwickelt haben, um alle Folgen seines Versagens von seiner Person und seiner Karriere abzuwenden. Er wird beispielsweise stets allen Kollegen erzählen, dass aus dem geplanten Projekt »niemals etwas werden kann« –

und wenn es tatsächlich schief geht, hat er es eben schon vorher erkannt, er war ja der »Experte«. Und er wird niemals erwarten, dass irgendetwas einfach gut geht. Denn er »weiß« ja: Das kann und wird es einfach niemals geben!

Ist ein Mensch mit einer solchen Einstellung bei einem Projekt federführend, so ist dies für das Projekt meist nicht gerade förderlich. Denn er wird alle Misserfolge mit einem »Ich hab's ja gewusst!« relativ befriedigt zur Kenntnis nehmen; schließlich hat er auch hier wieder Recht gehabt und wurde durch diesen Misserfolg ein weiteres Mal in seinem Pessimismus bestätigt.

Auch wird er niemals versuchen, solche Misserfolge mit etwas zusätzlicher Anstrengung oder durch einen neuen Ansatz vielleicht doch noch zu einem Erfolg zu machen – schließlich glaubt er überhaupt nicht an einen Erfolg. Und außerdem sind diese Misserfolge ja seine »Ergebnisse«, nur sie rechtfertigen ja letztendlich seinen Pessimismus.

Ganz anders (und noch viel schlimmer) sieht es bei gelegentlichen Erfolgen aus: Jeden Teilerfolg wird solch ein Mensch sofort äußerst misstrauisch beäugen. Schließlich »weiß« er ja ganz genau, dass es auf lange Sicht keinen Erfolg geben kann; somit sucht er sofort nach allen möglichen Schwachstellen. Und er findet auch prompt welche – echte oder eingebildete Schwächen im Projekt, die ihm sofort als Grund dienen, diesen Erfolg zunichte zu machen und das Projekt zu stoppen oder zumindest wesentlich zu verzögern.

Verkauf den FISH!

Der Glaube an den Erfolg beflügelt

Ein anderer Mitarbeiter, der wirklich im tiefsten seines Unbewussten an seinen Erfolg glaubt, verfährt genau umgekehrt: Er sieht Erfolge als die natürliche Folge seiner Arbeit und seiner Anstrengungen. Und er erwartet sie auch regelrecht.

Misserfolge dagegen sind für ihn nur kurze Verzögerungen auf dem Weg zum Erfolg. Schließlich hat er oft genug erlebt, dass sich scheinbare Misserfolge durch ein wenig zusätzliche Arbeit meist sehr wohl in Erfolge umwandeln lassen.

Hat er bei solch einem Projekt die Leitung, dann wird er es verstehen, auch Misserfolge immer noch optimal zu verwerten, beispielsweise indem er die dabei gewonnenen Ergebnisse festhält und weiterverwendet oder indem er versucht, mit kleinen oder größeren Änderungen die Sache doch noch zum Laufen zu bringen.

Jeder erhält, was er erwartet!

Jeder dieser beiden Charaktere bekommt somit ganz genau das, was er erwartet. Mit anderen Worten: Wer von diesen beiden Menschentypen im Leben erfolgreich sein wird, hängt überhaupt nicht vom betreffenden Projekt ab, sondern ausschließlich von dem Betreffenden selbst und von seiner Denkweise. Der eine wird wohl fast überall erfolgreich sein, während der andere wohl bei jedem Projekt scheitern wird – nicht weil er unfähig wäre, sondern weil sein Unterbewusstsein ihn genau das tun lässt, was seine unterbewussten Erwartungen des Scheiterns Wirklichkeit werden lässt.

Somit zieht der Mensch im Außen immer jene Dinge und Ereignisse an, die ihm in seinem Innersten (seinem Unterbewusstsein) entsprechen.

Es beginnt in der Kindheit

Vor allem die Erlebnisse in der Kindheit sind dafür prägend, da in der Regel schon hier der Grundstock für die späteren Verletzungen und »Programmierungen« gelegt wird.

Unser Erziehungssystem war noch vor wenigen Jahrzehnten völlig darauf ausgerichtet, unsere Kinder zu angepassten, braven Untertanen (sprich: zu Robotern bzw. zu Soldaten) zu erziehen.

Dies mag zwar – und das war wohl auch der Grund für diese autoritäre Art der Erziehung – für einen Nationalstaat im 18. oder 19. Jahrhundert durchaus verlockend gewesen sein, erhielt der doch mit dieser Art von »Erziehung« ein »pflegeleichtes« Volk von Duckmäusern und Jasagern, sprich: das ideale Grundmaterial für folgsame und zuverlässige Soldaten.

Und genau das war in jener Zeit doch der Traum eines jeden Herrschers: Ein Volk, das nicht kritisch denken will, das sich leicht lenken lässt und das der Regierung niemals Probleme bereitet. Ein Volk, aus dem man im Handumdrehen eine folgsame und opferbereite Armee formen kann.

Damals galten solche »klaglos funktionierenden« Bürger als das Idealbild des »Untertanen«, waren doch in jener Zeit Kriege allgegenwärtig, und dafür brauchte man eben möglichst viele »brave Soldaten«: gehorsame Roboter, die jeden Befehl sofort blindlings befolgten, die sich kritiklos ins feindliche Kanonenfeuer stürzten und die sich niemals eigene Gedanken oder gar eine eigene Meinung erlaubten, schon gar nicht über die Sinnhaftigkeit eines solchen Krieges oder das moralische Recht der Vorgesetzten, Menschen ganz bewusst in den Tod zu schicken. All dies wurde damals mit dem »Heldenmythos« vernebelt und diese Opferbereitschaft war eben Bürgerpflicht – und damit Punktum!

Auch wenn diese Anforderungen längst Geschichte sind, so haben sich Spuren dieser Einstellung bis heute erhalten. Nicht in den Schulen, aber zumindest in manchen Betrieben ist der »kritiklose Roboter« immer noch stark gefragt.

Aber gerade diese Erziehung zum kritiklosen Befehlsempfänger manifestiert sich beim Einzelnen als spätere Hemmungen und Blockaden, insbesondere im privaten Bereich – genauer: in all jenen Bereichen, in denen ihm dann nicht bis ins Kleinste vorgegeben wird, was er tun soll und was er zu denken hat.

Auch wenn die Unterdrückungsmechanismen heute nicht mehr so massiv sind wie damals, so wirken viele davon immer noch. Oder wer hat noch nie Sprüche gehört wie: »Ein Indianer kennt keinen Schmerz« oder »Was auf den Teller kommt, wird gegessen!« oder »Was sollen die Leute denn von dir denken!« usw.

Ein Lernprozess

Zunächst die gute Nachricht: Auch wenn in uns eine solche »Programmierung zum Misserfolg« am Werken ist – sie lässt sich heute durchaus überwinden.

Wir dürfen allerdings nicht erwarten, dass sich der Erfolg dann von einem Tag zum anderen einstellt. Denn wer jahrelang unterdrückt wurde, wer jahrelang gehemmt war, der kann nicht erwarten, dass er von heute auf morgen zu einer völlig anderen Persönlichkeit wird, z. B. zu einer Verkaufspersönlichkeit, die auf Anhieb unglaublich erfolgreich ist.

Aber dafür müssen wir selbst etwas tun. Denn solange diese inneren Hemmungen in uns noch bestehen, ziehen wir auch von außen genau jene Hemmungen und Blockaden an, die wir in Zukunft vermeiden wollen. Und das sind genau jene Stolpersteine, die für unseren Erfolg als Verkaufspersönlichkeit hinderlich sind und die uns deshalb vorerst unseren Erfolg vermiesen können.

Verkauf den FISH!

Eine Persönlichkeit werden

Die alte Weisheit »Zuerst dienen, dann verdienen« gilt zwar im Prinzip noch immer, doch heißt das nicht, dass man auf seine Lebensrechte verzichten sollte. In immer schwierigeren Zeiten und hart umkämpften Märkten braucht es Persönlichkeiten, die ihre Produkte am Markt durchsetzen können. Und solche Persönlichkeiten kann man wohl kaum dadurch fördern, dass man in diesen Menschen systematisch jede eigene Initiative unterdrückt, ganz im Gegenteil.

Auch diese Menschen müssen sehr wohl lernen, sich in Unabänderliches zu fügen und mit anderen Menschen zusammenzuarbeiten; Sie müssen ihnen, wenn erforderlich, auch helfen – das bedeutet »Dienen vor dem Verdienen«. Außerdem sollen alle Menschen schon im Verlauf ihrer Ausbildung lernen, in einem bestimmten Rahmen selbständig zu entscheiden.

Sie müssen dabei auch lernen, immer die Möglichkeit eines Fehlers in Kauf zu nehmen. Auch wenn es »sicherer« scheint, gar nichts zu tun und nur einfach abzuwarten, so ist dieses Alibi-Verhalten »Ich hab nichts gemacht, also kann ich nicht schuld sein« nichts als ein Relikt aus dem letzten Jahrhundert. Von zehn Entscheidungen sind sieben falsch. Doch es ist besser, irgendeine Entscheidung zu treffen als keine.

Nur wer den Mut hat, auch wirklich von sich aus eine Entscheidung zu treffen, kann auch die richtige Entscheidung treffen; »Vermeidung statt Entscheidung« dagegen ist in jedem Fall falsch, das ist bloß eine »Strategie der Unfähigkeit«!

Und nur wer sich traut, Entscheidungen zu treffen, wird dabei auch lernen, wie man entscheidet. Wie alles im Leben beginnt Erfahrung mit einem ersten Schritt. Und damit haben Sie Ergebnisse sofort!

Die Persönlichkeit schafft den Erfolg

Die Fischverkäufer vom Pike Place Fish Market sind Beispiele dafür: Sie alle sind solche Persönlichkeiten. Frei von Hemmungen und Blockaden schaffen sie selbst ihren Erfolg.

Will man seine Anziehung verändern, so braucht es Zeit und ein paar gezielte Maßnahmen. Vor allem die negativen Erlebnisse der Vergangenheit müssen meist »gelöscht« werden.

Aber was sich so einfach sagt (bzw. schreibt), das scheint für den Einzelnen oft unsagbar schwierig. Hier reicht es nicht, das relativ einfache Prinzip des »positiven Denkens« anzuwenden, damit schaffen Sie noch nicht den Kontakt zu Ihrem Unterbewusstsein. Aber es gibt durchaus Möglichkeiten.

Tiefgreifende Veränderungen mit NLP

Sie müssen tiefgreifende Veränderungen durchführen, um hier Erfolg zu haben. Wenn Sie das alleine nicht schaffen, nehmen Sie Hilfe in Anspruch. Das Neuro-Linguistische Programmieren

(NLP) ist – so sehr es auch oft missverstanden wird – eine hervorragende Methode, um negative Programme in uns zu »löschen« und durch positive Ziele zu ersetzen.

Dabei geht es vor allem darum, dass wir die meisten dieser Programme bereits als Kinder erlernen. Zu dieser Zeit kann ein bestimmtes Verhalten durchaus nützlich sein. Aber viele dieser Programme bleiben auch beim Erwachsenen wirksam – und sind hier oft völlig fehl am Platz!

Unser Unterbewusstsein ist zwar so schlau, hin und wieder andere Verhaltensmuster auszuprobieren. Erweist sich das neue Muster allerdings nicht von Anfang an als wesentlich besser, so wird das alte Muster weiter verstärkt.

Ein Beispiel: Wenn jemand sein ganzes Leben lang immer nur »freundlich und pflegeleicht« war, kann er von anderen ausgenützt werden. Versucht er dann das Verhaltensmuster »ruppig und unfreundlich«, so kann ihm dies durchaus Schwierigkeiten einbringen, von einem Streit bis zu einer handfesten Auseinandersetzung.

Der Grund: Er hat noch nie gelernt, Unfreundlichkeit einzusetzen, sie vor allem dosiert anzuwenden. Schießt er über das Ziel hinaus, so bemerkt er das Feedback sofort – und kehrt prompt wieder zu seiner bewährten Rolle »freundlich und pflegeleicht« zurück – mit der Überzeugung, dass es keine andere Rolle für ihn gibt.

Hier stößt er vor allem auf das Unverständnis seines Systems. Die anderen wollen ihn ja weiterhin in seiner alten Rolle sehen. Auch hier haben wir wieder den Faktor Zeit. Eine neue Rolle muss man sich Stück für Stück erarbeiten. Und ein anfängliches Unverständnis der eigenen Umgebung darf auf gar keinen Fall als Misserfolg gewertet werden.

Mentaltraining, Emotionaltraining etc.

Spitzensportler machen es, Führungskräfte in der Wirtschaft machen es: Mentaltraining. Auch dies ist ein äußerst wirksames Werkzeug, um Veränderungen in der persönlichen Anziehung zu bewirken. Mit Mentaltraining können Sie negative Erlebnisse der Vergangenheit löschen. Und vor allem Sie können ihr Gehirn neu verdrahten. Damit produzieren Sie neue Gedanken und im weiteren neues Verhalten. Mit Emotionaltraining für positive Gefühle können sich auf positive Erlebnisse umprogrammieren.

Aber auch gegenüber psychotherapeutischen Maßnahmen wie Gesprächstherapie, Psychodrama, Psychoanalyse u. Ä sollte man sich nicht verschließen. Alternative Maßnahmen können auch Schamanismus, Reiki und Shiatsu sein.

Im Endeffekt sollte Ihr »Eisbergmodell« dann so aussehen:

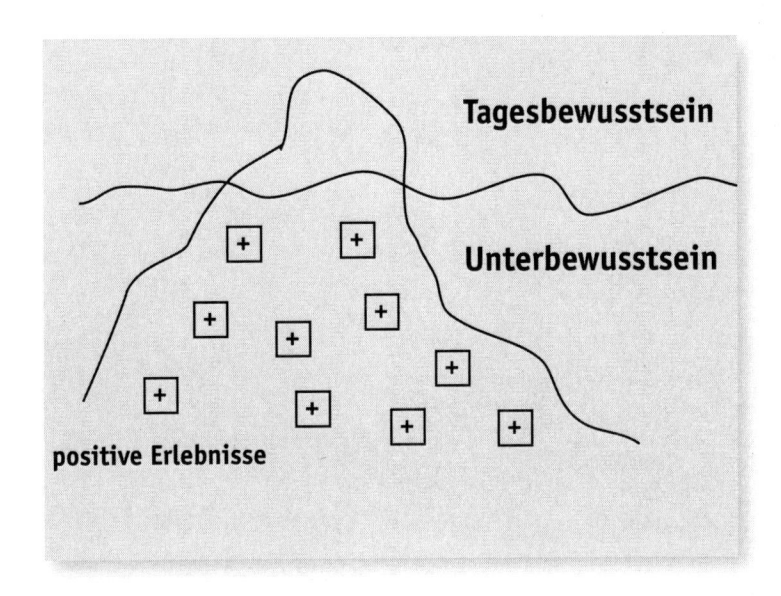

[Abbildung: Eisberg mit Wasserlinie, Beschriftungen "Tagesbewusstsein" (oberhalb), "Unterbewusstsein" (unterhalb) und "positive Erlebnisse" mit mehreren +-Kästchen unter der Wasseroberfläche]

■ Das Eisbergmodell für Teams

Auch jedes Team befindet sich genau in jener Situation, die es verdient. Denn auch jedes Team hat ein kollektives Unterbewusstsein, nach dessen »Programmierung« es Erfolg hat – oder auch nicht.

Die Summe ist anders als ihre einzelnen Teile.

Dennoch ist auch hier die individuelle Situation des Einzelnen von entscheidender Bedeutung. Hat doch jeder seine individuellen:

Verkauf den FISH!

Gesicht nach außen

kollektives Unterbewußtsein

individuelle Situation **Situation des Teams**

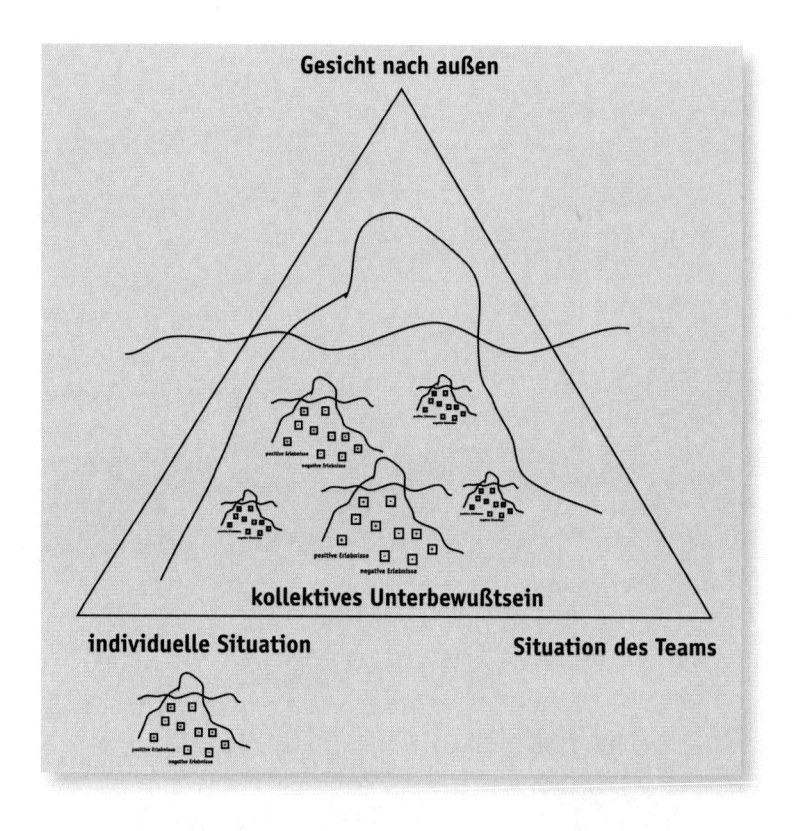

- Erwartungen,
- Annahmen,
- Projektionen,
- Vorurteile,
- Einschätzungen,
- Glaubenshaltungen,
- Vorstellungen/Überzeugungen,
- Identifikationen,
- Werte,

- Motive,
- Wünsche/Bedürfnisse,
- Masken/Rollen,
- Muster/Zwänge.

– kurz: seine ganz individuellen und persönlichen Beweggründe und Motivationen.

Um das zu verstehen, muss Ihnen klar sein, dass jeder Mensch sein ganz individuelles Psychogramm hat. So kann ein Team durchaus in eine Richtung gehen, und dennoch ist es dabei möglich, dass jeder von seinen speziellen Motiven angetrieben wird.

Jeder Mensch interpretiert das, was er sieht und erlebt, nach seinen persönlichen Erfahrungen. Man könnte sagen, die Landkarte ist für alle gleich, aber die Landschaft, in der sich jeder Einzelne bewegt, ist durchaus verschieden.

Aber das ist egal, denn es ist für die Erreichung des Ziels völlig belanglos, wodurch der Einzelne motiviert wird. Es ist jedoch Aufgabe einer Führungskraft, diese speziellen Motive eines jeden einzelnen Mitarbeiters zu erkennen und den Mitarbeiter entsprechend zu fördern. »Leading by motive« nennt man diese (nicht ganz leichte) Aufgabe, die letztendlich die Qualität einer Führungskraft bestimmt.

Die meisten Vorgesetzten beschränken sich allerdings auf die Erfüllung von Zahlenvorgaben. Insbesondere im Verkauf sind diese Umsatzvorgaben sehr beliebt. Was das Erreichen eines Ziels betrifft, so ist dies allerdings ein völlig lächerlicher Ansatz, denn die Ursachen, warum ein Ziel erreicht wird oder nicht, hängen vorwiegend vom Psychogramm des betreffenden Verkäufers ab.

Die einzige Ausnahme wäre: Sie haben einen »pull market«, der praktisch von selbst funktioniert und wo Sie Jeden hinschicken können. Aber das ist heutzutage ziemlich selten.

➤ Fazit:
Fleiß alleine entscheidet heute nicht mehr über Erfolg oder Misserfolg.

Im Wort »Motivation« steckt »Motiv«. Und das heißt: Jeder Mensch wird durch unterschiedliche Motive angetrieben.

Diese individuellen Motive der einzelnen Mitarbeiter herauszufinden und davon die Vorgaben abzuleiten, ist für den Erfolg der Mitarbeiter wesentlich sinnvoller, als jedem Verkäufer nur eine Zahlenvorgabe zu liefern.

Natürlich müssen Sie ein Unternehmen auch über Zahlen steuern. Aber verwenden Sie diese Zahlen als Basis und leiten davon die individuellen Ziele für die einzelnen Mitarbeiter ab. Der Grund: Wenn schon der Kunde immer individueller wird, warum nicht auch Ihre Mitarbeiter? Auch sie sind doch Menschen!

Leading by motive

Wodurch kann nun ein Mensch motiviert werden? Es gibt zwölf verschiedene Typen von Menschen und für jeden ist ein anderes Motiv wirksam.

Siegertyp: Marktführer, an die Spitze des Verkaufsrankings

Seine Firma ist Marktführer oder er ist in einer anderen Beziehung führend in seinem Job. Nun geht es ihm vorrangig darum, diesen Führungsanspruch auch umzusetzen. Und er ist überzeugt, dass diese Spitzenposition keiner anderen Firma gebührt. Sinkende Marktanteile oder Umsätze empfindet er fast als persönlichen Angriff.

Zahlenmensch: Umsatzvorgabe, materielle Ziele

Für ihn sind Zahlen und Daten das Wesentliche. Begriffe wie »Marktführer« oder »führend« dagegen empfindet er als viel zu nebulos. Deshalb definiert er sein Ziel auch über Zahlen: Ein bestimmter Umsatz, den er dieses Jahr erreichen will, oder ein bestimmtes Einkommen. Hat er dieses Ziel erreicht, so fühlt er sich erfolgreich.

Neugierige: Kundenzahl als Vorgabe

Er will vor allem eines: Kunden gewinnen. Denn jeden Kunden, den er einmal gewonnen hat, kann er auch weiterbearbeiten und möglicherweise »ausbauen«. So ist für ihn die Zahl der neu gewonnenen Kunden das Wesentliche, auf das er stolz ist und das ihn zu seinen Leistungen motiviert.

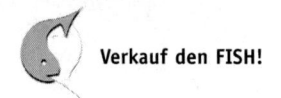

Gefühlvolle: Kundenzufriedenheit als Ziel, familiäres Arbeitsklima

Dieser Typ sieht in der Firma und seine Kunden eine große Familie. Wenn alle glücklich und zufrieden sind, dann ist er es auch. Deshalb braucht er als Ansporn oft ein wenig »Unterstützung«: einen Coach, der ihn regelmäßig daran erinnert, wieder etwas Neues zu unternehmen. Das kann beispielsweise ein Vertriebsleiter sein, der diese Funktion des »Anspornens« bei ihm übernimmt.

Souveräne: Leitende Position in Aussicht stellen, berühmt werden

Dieser Typ will vor allem eines: Chef sein. Deshalb ist die Aussicht auf eine leitende Position für ihn ein sehr wirkungsvoller Ansporn. Er will vor allem »jemand sein«. Darf er gar mit der Führungsebene des Unternehmens regelmäßig auf öffentlichen Events und Präsentationen seine Firma repräsentieren, so ist er glücklich.

Arbeiter: Möglichst viel Arbeit als Vorgabe

Dieser Typ liebt das Arbeiten. Er sieht sich als derjenige, der härter und länger arbeitet als andere, und darauf ist er stolz. Oft hält er sich deshalb schon fast für unentbehrlich für das Unternehmen und gerät z. B. mit seinen Urlauben in Rückstand.

Diesen Typ kann man nicht überfordern. Er erledigt alles genau und zur vollsten Zufriedenheit.

Vermittler: Diplomatische Ziele, Win-Win-Situationen
Dieser Typ plant sowohl seine Karriere wie auch die Eroberung seines Marktes wie ein Politiker. Er weiß um den Wert von persönlichen Kontakten und Empfehlungen, und er weiß, was sich so manches Mal mit Beziehungen erreichen lässt. Insbesondere im Geschäft mit Großkunden, wo er vielfach mit Vorstandsmitgliedern verhandeln muss und wo es auch auf das entsprechende Fingerspitzengefühl ankommt, ist solch ein Mitarbeiter Gold wert. Und gerade hier kann er sich auch am besten durchsetzen.

Ideologe: Ideale als Vorgabe
Dieser Typ glaubt an Ideale, an grundsätzliche und absolute Werte. Wenn er – wie meist üblich – auch verinnerlicht hat, dass es hier seine Mission ist, die Welt mit den tollen Produkten seines Herstellers zu beglücken, dann kann er mit seiner Einstellung recht optimal dieses Ziel erreichen.

Missionar: Expansion als Vorgabe
Dieser Typ will wachsen: ein zusätzliches Verkaufsgebiet, eine weitere Zielgruppe. Nur keine Einschränkungen. Legen Sie ihm die Welt zu Füßen. Stagnation wird ihn wegtreiben.

Verantwortlicher: Verantwortung als Vorgabe, Karriere
Auch diesem Menschen geht es um seine Karriere – aber anders als der Souveräne will er weniger »jemand sein«, er will vielmehr vor allem Verantwortung übernehmen. Und er kann das auch, das hat er oft schon als Kind getan, als er die Verantwortung für seine jüngeren Geschwister übernahm.

Nun fühlt er sich eben für »seinen« Bereich im Unternehmen verantwortlich und übernimmt hier die Verantwortung – oft auch ungefragt, wenn ein schwacher Vorgesetzter dies nicht selbst tut. Und mit seiner Denkweise ist er auch die Idealbesetzung für einen leitenden Angestellten – oft weit hinauf in der Firmenhierarchie.

Außergewöhnlicher: Das außergewöhnliche Ziel
Diesen Typ reizt vor allem die Herausforderung, die fast unmöglich scheinende Vorgabe. Und oft genug findet er auch tatsächlich Mittel und Wege, das »Unmögliche« zu erreichen. Dann wird ihm langweilig und er wartet auf die nächste Herausforderung.

Sensible: Fließen lassen
Dieser Typ sucht schlicht nach dem Glück: nach dem »Flow-State«, in dem wir uns selbst vergessen können und unser Zeitempfinden verlieren. In dieser Konzentrationsphase kann dieser Mitarbeiter Gewaltiges leisten. Wird er dagegen ständig unter Druck gesetzt, so ist dies alles andere als sein idealer Job.

Bei der Zusammensetzung eines Teams müssen wir schon riesiges Glück haben, wenn wir auf lauter Mitarbeiter mit gleichen Werten und Motiven treffen. Ein solches Team wäre buchstäblich ein Glücksfall, eine Art von »eierlegender Wollmilchsau«.

Was Sie aber auf jeden Fall tun können: alle Mitarbeiter auf die individuellen Ur-Motive einzuschwören und den größten gemeinsamen Nenner zu finden. Der kann allerdings doch immer noch sehr klein sein.

⇨ Zum Vergleich: Auch die Fischverkäufer vom Pike Place Fish Market wollten zwei Ziele erreichen: Sie wollten weltberühmt werden und sie wollten Spaß bei der Arbeit haben. Nicht mehr. Die Zahlenvorgaben waren mehr oder weniger Nebensache – und haben sich trotzdem erfüllt.

Dass sie das geschafft haben, lag auch an ihrer Anziehung als Team, obwohl einige der Beteiligten inzwischen ausgetauscht wurden, denn seit der Gründung 1965 sind viele Mitarbeiter gekommen und wieder gegangen.

Chefsache

Der Fisch beginnt (wie ein altes Sprichwort weiß) »am Kopf zu stinken« – wenn also in einem Team Schlampereien und ähnliche Dinge »einreißen«, dann ist in der Regel die Leitung daran schuld.

An erster Stelle jener Dinge, die wir in einem solchen Fall prüfen sollten, steht die individuelle Situation des Teamleiters bzw. des Unternehmensgründers. Seine spezifische Situation ist für die Anziehung der restlichen Teammitglieder von großer Bedeutung.

Deshalb sollten Sie, wenn Sie ein Unternehmen oder ein Team gründen, zuerst stets das individuelle Eisbergmodell und die damit verbundenen Lösungsmöglichkeiten betrachten.

Wenn man sich die Leitbilder mancher Unternehmen ansieht und einmal überlegt, was dort alles verlangt und behauptet wird, dann kann ein psychologisch geschulter Mensch darüber oft nur lachen. Die meisten dieser »vollmundig« getroffenen Aussagen kann wohl kein Unternehmen in der Welt umsetzen. Der Grund: Sie werden kaum eine größere Anzahl an Mitarbeitern finden, die ausgerechnet diesen ganz besonderen gemeinsamen Nenner in ihrem Psychogramm aufweisen. Weniger wäre hier mehr! Doch dazu später.

Die Umsetzung nach außen

Haben Sie den größten gemeinsamen Nenner einer Gruppe gefunden, können Sie sich überlegen, wie Sie das nach außen darstellen und repräsentieren wollen. Hier muss unbedingt Einigkeit herrschen.

John Wanamaker hat einmal gesagt: »Ich weiß, 50 % meiner Werbeausgaben sind Verschwendung – aber leider kann mir niemand sagen, welche 50 %!?«

Wenn Sie beispielsweise Imagewerbung machen, dann verkaufen Sie ein Image. Aber wenn Ihre Verkäufer und Repräsentanten nicht zu diesem Image passen, verschwenden Sie mit dieser Imagewerbung nur Ihr Geld.

Daher der Tipp: Beziehen Sie die Werte Ihrer Mitarbeiter immer in Ihre Überlegungen mit ein. Wenn Sie allerdings eine Umpositionierung oder einen Relaunch planen, müssen Sie entweder Ihre Mitarbeiter austauschen – oder Sie schaffen einen Wertewandel.

Wenn Sie eine Verjüngung Ihrer Marke durchführen und eine Produktlinie für Teenies herausbringen, dabei aber einen überalterten Verkäuferstab haben, dann haben Sie ein Problem. Daher ist permanente Veränderung, die in sich konsistent ist, die beste Lösung.

Ökologische Vielfalt

Schon aus der Biologie wissen wir: Systeme überleben durch ihre Vielfalt. Ein ökologisches System ist umso stabiler, je mehr darin eine natürliche Vielfalt herrscht. Findet ein Schädling hier einen Schwachpunkt, so wird hier immer nur ein kleiner Teil aller Mitglieder geschädigt; der weitaus größere Rest von ihnen bleibt unbehelligt.
Eine Monokultur dagegen ist grundsätzlich immer ein anfälliges System. Hier zeichnen sich alle Mitglieder durch die gleichen Stärken und Schwächen aus.

Wenn also ein Schädling erst einmal einen Schwachpunkt entdeckt hat, an dem er ansetzen kann, hat er mit einem Schlag auch schon sämtliche Mitglieder »besiegt«. Dadurch ist der Bestand solcher Monokulturen in vielen Fällen äußerst stark gefährdet.

Verkauf den FISH!

Was allerdings vielfach übersehen wird: Auch eine »gleichgeschaltete« Verkäufermasse gleicht einer solchen Monokultur; auch hier haben alle Mitglieder die gleichen Schwächen. Gelingt es hier einem Mitbewerber, eine Schwäche dieser Mannschaft zu nutzen und damit Ihr Image auch nur in einem einzigen Punkt zu ruinieren, hat er auch schon auf ganzer Linie gewonnen. Denn bereits dann sind sämtliche Mitglieder des Teams davon betroffen.

Auch wenn es einem Mitbewerber gelingen sollte, für sein Produkt eine neue Verkaufsstrategie oder ein neues Image zu entwerfen, die das andere Team aufgrund seiner Persönlichkeiten nicht kopieren kann, ist ein »gleichgeschaltetes« Team bereits besiegt. In einem »durcheinander gewürfelten« Team dagegen findet sich meist irgendein »bunter Hund«, der auch einem so außergewöhnlichen Angriff durch ebenso außergewöhnliche Gegenmaßnahmen wirkungsvoll Paroli bieten kann. Und gerade auf solche außergewöhnlichen Gegenmaßnahmen kommt eine Herde »gleichgeschalteter« Verkäufer niemals, für die wäre dieser Kampf nun bereits verloren!

Ein konkretes Beispiel ist etwa das Alter des Vertriebsteams. Besteht das gesamte Team nur aus älteren Leuten, die knapp vor der Pensionierung stehen, so wird sich jedes Werbeunternehmen dabei schwer tun, mit diesem Seniorenteam ausgerechnet ein »jugendliches« Image zu vermitteln.

Ich fordere Sie deshalb auf, möglichst viele (und auch möglichst unterschiedliche) Menschen in Ihr Team aufzunehmen, die zwar alle in dieselbe Richtung gehen, aber jeder auf seine eigene Art und mit seinen ganz speziellen Ur-Motiven.

Auf gleicher Wellenlänge

Warum kauft ein Kunde ausgesprochen gern bei einem bestimmten Verkäufer, aber nur ungern bei einem anderen? Meist sind die wahren Gründe dafür Sympathie, Solidarität und die gleiche Wellenlänge (Bezugsebene) zwischen Verkäufer und Kunde. Man »versteht einander«, man ist in vielen Dingen »ähnlicher Ansicht« usw.

Gäbe es nur eine einzige Art von Kunden, dann wäre die Schlacht mit einem bestimmten Typ von Verkäufer bereits im ersten Anlauf gewonnen. Aber die Menschen sind eben sehr verschieden; deshalb findet auch der eine Kunde diesen Verkäufer sympathisch und der andere jenen.

Wenn Sie also einen möglichst breiten »Markt« abdecken und bei den verschiedensten Typen von Kunden punkten wollen, brauchen Sie auch ein entsprechend breit gefächertes »Angebot« an Verkäufern. Wenn Sie dagegen nur eine stark eingegrenzte Zielgruppe haben, die immer vom gleichen Typ Mensch dominiert wird, dann kommen Sie natürlich mit einem einzigen Typ von Verkäufer aus.

Verkauf den FISH!

⇨ Auch der Pike Place Fish Market wollte »in die Breite« gehen, er wollte für alle möglichen Kunden attraktiv sein. Daher brauchte man auch hier eine große »Bandbreite« an möglichst unterschiedlichen »Typen«. Wenn ein Kunde bei einem Verkäufer nicht kauft, dann war dies ganz einfach nicht der richtige Verkäufer für ihn.

Verkauf den FISH!

Das Dilemma
des Erfüllungsgehilfen

Wir wissen es ja alle: »Kein Mensch ist eine Insel für sich allein« (John Donne 1572-1631, Meditation XVII). Und so sind die Beziehungen zwischen den einzelnen Menschen wichtige Bausteine sowohl in der zwischenmenschlichen Kommunikation wie auch für viele andere Dinge. Auch dafür, inwieweit uns andere beeinflussen können – und wie berechtigt oder unberechtigt diese »Urteile«, die doch wesentliche Punkte unseres Lebens betreffen, in manchen Fällen sein können.

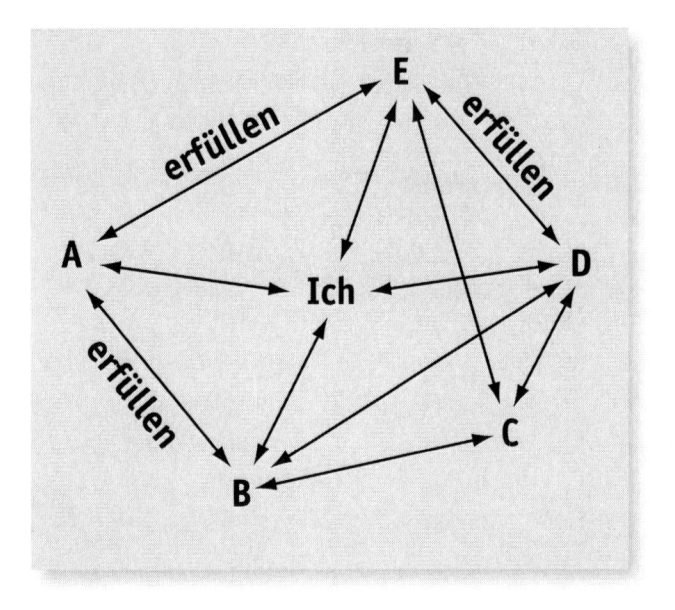

Verkauf den FISH!

Wir alle leben in einem unglaublichen Netzwerk von energetischen Beziehungen. Stellen Sie sich vor, Sie sind der Mittelpunkt der Welt und alle Menschen in Ihrem Umfeld haben jeweils eine Aufgabe für Sie zu erfüllen – ebenso wie Sie andererseits Aufgaben für jeden von ihnen erfüllen.

A erfüllt etwas für mich, ich erfülle etwas für A.
B erfüllt etwas für C, C erfüllt etwas für B.
B wiederum erfüllt etwas für mich und ich erfülle etwas für B ... usw.

Als Personen sind dies einfach »alle möglichen Menschen«:

Anwälte	Mitarbeiter
Aktionäre	Nachbarn
Assistenten	Organisatoren
Aufsichtsräte	Partner
Ausbilder	Philosophen
Autoren	Politiker
Berater	Polizisten
Chefs	Psychiater
Coachs	Psychologen
Eltern	Präsidenten
Freunde	Schamanen
Gegner	Schwiegermütter
Geschäftspartner	Schwiegerväter
Geistliche	Sponsoren
Hoffnungsträger	Teams
Journalisten	Trainer

Kinder	Verkäufer
Kommentatoren	Verwaltungsräte
Lebenspartner	Vorgesetzte
Lehrer	Werber
Medienmacher	Zukunftsdeuter

Lauter freundliche Menschen also, die Ihnen sagen wollen, was Sie zu tun haben. Lauter freundliche Menschen, die Sie beurteilen und einschätzen. Lauter freundliche Menschen, die – wie es scheint – immer ganz genau wissen, ob Sie etwas schaffen können oder nicht, und die Sie allesamt ständig einschätzen und beurteilen.

Ein Beispiel für solche »Spezialisten« sind etwa Personalberater und Personalchefs: Die wissen schon nach wenigen Minuten, ob Sie für einen Job geeignet sind oder nicht – oft sogar, ohne Sie überhaupt jemals gesehen zu haben. Fachleute, die fest daran glauben, durch eine vergangenheitsorientierte Begutachtung Ihres bisherigen Lebenslaufes entscheiden zu können, was Sie in Zukunft können werden und was nicht. Viele Menschen entdecken erst im Laufe ihres Lebens ihre wahre Berufung und nur wenige bekommen die Chance diesen Beruf auch auszuüben. Sie stecken in der Schublade der Vergangenheit.

Ich wünsche mir, sollten Sie, verehrter Leser, zur Berufsgruppe Personalist gehören, dass Sie darüber nachdenken, ob denn Autodidakte und Quereinsteiger vielleicht die bessere Wahl wären. Ein Mensch, der etwas gerne macht, macht es immer wieder, bis er schlussendlich meisterlich ist, unabhängig von Meisterbriefen. Dabei schafft er den größten Nutzen für sich und die Organisation. Es kostet die geringste Energie bei dem höchsten Output.

Die geeignete Frage dazu wäre: Warum macht ihnen gerade diese Arbeit Spaß?

Machen Sie die Probe!

Stellen Sie sich vor, Sie möchten ein Projekt starten. In der Vergangenheit waren Sie nicht besonders erfolgreich und auch Ihre Vision klingt für andere vielleicht nicht gerade überzeugend. Was glauben Sie also: Wie hoch ist Ihre Chance, dieses Projekt erfolgreich umzusetzen?

Sicher ist: Ihre Erfolgsaussichten hängen unmittelbar mit den Einschätzungen Ihres Netzwerkes zusammen. Denn davon sind Sie abhängig. Sie müssen diese Einschätzungen erfüllen. In diesem Dilemma stecken Sie fest.

Im Prinzip läuft es auf eine simple Wahrscheinlichkeitsrechnung mit Ihren Erfolgschancen hinaus: Ihre Frau glaubt noch am ehesten an Sie, sie gibt Ihnen 50 %. Ihre Freunde halten Sie eher für einen Versager und geben Ihnen 20 %. Der Banker beurteilt Sie nach Ihrem bisherigen Vermögen und gibt Ihnen gerade mal 15 %. Ihre Mutter will an Sie glauben und gibt Ihnen 80 %. Ihr Vater nimmt Sie nicht ernst und gibt Ihnen gerade mal 10 %. Die Lieferanten kennen Sie noch nicht und geben Ihnen neutrale 50 %. Und Ihren Kundenstock müssen Sie erst aufbauen, er spielt derzeit noch gar nicht mit.

Errechnen wir den Durchschnittswert aus allen diesen Wahrscheinlichkeiten, mit denen Sie eingeschätzt wurden, so sitzen Sie damit in einem Hamsterrad von:

$$(0,5 + 0,2 + 0,15 + 0,8 + 0,1 + 0,5) / 6 = 0,375 = 37,5 \%$$

Man könnte diese Einschätzungen noch gewichten, beispielsweise mit dem Einfluss, den die Beteiligten jeweils auf Sie haben. Aber das Ergebnis ist meist ähnlich:

Im Prinzip erwartet das System, dass wir scheitern. Sie kämpfen von Haus aus (in diesem Beispiel) nur mit 37,5 % Erfolgswahrscheinlichkeit.

Mit anderen Worten: Ihr persönliches System lässt nach einer derart katastrophalen Einschätzung gar nicht zu, dass Sie jemals Erfolg haben. Und Sie sind dazu gezwungen, die Einschätzungen Ihres Systems zu erfüllen.

Sollten Sie nun (und allen Einschätzungen zum Trotz) Ihr Projekt doch noch starten und dabei scheitern, dann kommen mit Sicherheit die berühmten Aussagen der selbst ernannten »Untergangs-Experten«, nämlich: »Das habe ich ja immer schon gesagt!«

Verkauf den FISH!

Wie kommt man heraus aus diesen Zwängen?

Die einfachste Erklärung wäre: Ändern Sie Ihr Image. Und dazu gibt es auch sogenannte Imageberater, die Ihnen ein neues Outfit verpassen, Sie auf ein Seminar schicken, wo Sie mehr Selbstbewusstsein erlernen, an Ihrem Auftreten und an Ihrer Rhetorik feilen usw.

Und dann wird alles besser. Oder auch nicht.

Denn das alleine funktioniert eben nicht! Denn Ihr System, Ihr »Innenleben«, bleibt auch nach einer solchen »Schnellsieder-Schulung« immer noch das Alte.

Insbesondere Kulturkreise mit besonders vielen Vorurteilen, Missgunst und Neid vernichten laufend Ihre Chancen und Möglichkeiten. Solche Systeme sehen nur die Probleme – und haben natürlich dann auch postwendend nur Probleme.

Mozart musste beispielsweise verarmen, als die Neider über ihn gesiegt hatten. Vor allem der mitteleuropäische Kulturkreis ist praktisch unfähig, mit Genies umzugehen. Wir reagieren auf jeden Zeitgenossen, der auch nur ein wenig »außergewöhnlich« zu sein scheint, mit einem geradezu paranoiden Misstrauen. Wer nicht »gleichgeschaltet« ist, wer nicht das Gleiche tut und denkt wie wir, der ist uns verdächtig!

Die Amerikaner etwa haben hier eine völlig andere Einstellung: Sie lieben Exzentriker und daher »sammeln« sie förmlich Genies – kein Wunder also, dass es in diesem Land so viele ungewöhnliche, außerordentliche und hervorragende Menschen gibt! Und vor allem ist es dort keine Schande, zu einer »Elite« zu gehören; im Gegenteil, dort ist man darauf sogar stolz!

In Europa hat man es offenbar auch heute noch nicht verstanden, dass der Begriff »Elite« nichts mit jenen »arischen« Maßstäben zu tun hat, mit denen unseren Eltern und Großeltern im Dritten Reich die Ideologie einer faschistischen Diktatur als »Herrenrasse« verkauft wurde.

»Elite« – das bedeutet einfach Auslese. Das sind genau die paar Mitglieder einer Gruppe, die in bestimmten Disziplinen eben die Allerbesten sind. Jene Menschen, die vom Schicksal mit ganz besonderen Gaben ausgestattet wurden.

Dabei sind jene, die eine besondere körperliche Leistungsfähigkeit ausweisen, noch am besten dran. Sie können als »Athleten« und »Leistungssportler« immerhin noch etwas Popularität erringen, wenn auch meist im Dienst großer Konzerne, deren Produkte sie zur Schau tragen.

Wer dagegen mit besonderen geistigen Gaben gesegnet ist, wurde in den vergangenen Jahrzehnten oft schlicht und einfach zum »Problemkind« abgestempelt. Erst langsam beginnt die Idee zu greifen, dass eine besondere Begabung auch eine

Verkauf den FISH!

besondere Förderung verdient, anstatt – wie es auch heute noch vielfach geschieht – die kleinen Genies von morgen in unseren ausschließlich auf den Durchschnitt zugeschnittenen Bildungseinrichtungen vergammeln zu lassen und sie dann, wenn sie aus purer Langeweile irgendwann doch auffällig werden, in Sonderschulen als »schwer Erziehbar« ruhig zu stellen. Und wozu sollten wir uns auch Sorgen machen? Eliten gibt es ohnehin – dann kommen sie eben aus Amerika statt aus Europa. Oder aus Japan. Hauptsache, wir verletzen die heilige Kuh der »Chancengleichheit« nie und nimmer! Denn wenn nicht alle die Mittelschule schaffen, dann muss die eben einfacher werden – denn wo bliebe sonst die Chancengleichheit!?

Es braucht sich daher niemand zu wundern, dass neue Trends vorwiegend aus Amerika kommen. Nur selten schafft ein Trend – wie bei Red Bull oder beim Snowboard – den umgekehrten Sprung.

Aber wir brauchen heute wieder Eliten – vielleicht sogar dringender als jemals zuvor. Allerdings keine erblichen Aristokraten und vor allem keine »Herrenrasse«, die glaubt, dass sich menschliche Qualität durch einfachen Standesdünkel ersetzen lässt und dass schon ihre bloße Existenz das Heil für die ganze Welt bedeuten würde.

Wir brauchen heute vielmehr besonders begabte, besonders schöpferische, besonders intelligente und besonders leistungsfähige Menschen, vor allem besonders innovative unkonventionelle Denker.

Wir brauchen Menschen, die etwas schaffen, was der »Durchschnittsbürger« eben nicht kann.

Wir brauchen unkonventionelle und erfinderische Denker, die auch dort noch eine Lösung finden, wo die »Experten« schon längst abgewunken und aufgegeben haben.

Wir brauchen Menschen mit Phantasie, die auch dann noch über mögliche Lösungen, Tricks und Umwege weiter nachdenken, wenn ein Problem auf den ersten Blick unlösbar scheint.

Wir brauchen mit einem Wort außergewöhnlich begabte Menschen, die sich ihrer Fähigkeiten bewusst sind. Menschen, die wissen, dass sie etwas Besonderes sind, und die ihre besonderen Gaben als Möglichkeit sehen, sich mit Problemen zu befassen, die – wenn überhaupt – nur Menschen wie sie lösen können. Menschen, die jene dringenden Probleme lösen, die ein Durchschnittsmensch einfach nicht zu lösen (oder überhaupt wahrzunehmen) vermag.

Es wird Zeit, umzudenken

Doch zurück zu unserem Dilemma.
Wir erinnern uns: Solange wir nur die »Anderen« fragen, was diese von unserer Idee halten, werden wir auf viele unserer Vorschläge immer nur eine Sorte von Antworten erhalten:
- Das geht niemals gut!
- Das kann nicht gehen, weil ...

- Wenn das wirklich ginge, wäre schon längst jemand auf die Idee gekommen.
- Keine Chance!
- Vergiss es!

Diese Ablehnung ist zutiefst menschlich: »Wenn ich etwas nicht kann, dann wird das auch kein anderer schaffen!«, schallt jeder neuen Idee der »Chor der Verneinung« entgegen. Das Einzige, was wir daraus lernen können, ist: Bei einer guten Idee nicht mehr auf die »Anderen« zu hören, sondern es zu versuchen.

Und damit liegt die Verantwortung wieder bei Ihnen selbst. Hier gilt es also, eine Umpositionierung einzuleiten. Eine Veränderung, die von innen herauskommen muss. Ein langsames Lösen von der Vergangenheit, ein Löschen negativer Erlebnisse und Schritt für Schritt das Einlernen neuer Verhaltensmuster und neuer Glaubenssätze.

Nehmen Sie Abschied!

Ein wichtiges Werkzeug hierzu ist der Abschied. Sobald wir diese Zusammenhänge erkannt haben, sollten wir uns auch von jenen Elementen unseres bisherigen Lebens verabschieden, die nicht zu unseren »neuen Zielen« passen.
Verändern Sie Ihre Umgebung. Nicht Sie sind verkehrt, sondern die »Anderen« sind verkehrt, wenn sie ihre Chancen und Möglichkeiten nicht erkennen! Umgeben Sie sich lieber mit Personen, die an Sie glauben.

Starten Sie durch!

Nutzen Sie das »Gesetz des Erfüllungsgehilfen«. Sie erinnern sich: Wir alle leben in einem Netzwerk, in dem wir gegenseitig die Erwartungen der »Anderen« erfüllen. Und wir dürfen diese »Anderen« auch ruhig dafür einsetzen.

Aber wir sollten sie nicht als »Experten« dafür ansehen, was für uns (bzw. für »Andere«) möglich ist und was nicht. Denn das ist nicht ihre Aufgabe. Und deshalb sind ihre Einschätzungen für »fremde« Ideen, Vorschläge und Projekte in der Regel vernichtend.

Nutzen Sie also durchaus die speziellen Fähigkeiten dieser Kontaktpersonen – aber fragen Sie die um Gottes willen bloß nicht um ihr Urteil zu Ihren Ideen!

Wenn Sie sich verbessern wollen, lernen Sie nur von den Besten: von jenen Leuten, die durch ihre Taten bereits bewiesen haben, dass sie besser sind. Von Menschen, die so von sich überzeugt sind, dass Sie auch erwarten können, dass Sie durch deren Anleitung und Vorbild besser werden.

Treten Sie ein in Ihr System und wählen Sie eine bewusste Anziehung. Lassen Sie nicht das Schicksal entscheiden, welche Menschen in Ihrem Leben eine Bedeutung spielen. Umgeben Sie sich mit den erfolgreichsten Menschen. Der Sog und deren Unterstützung wird auch Sie früher oder später mitziehen.

Verkauf den FISH!

Erfolgreiche Menschen gehen hin und suchen sich ihr System. Und wenn sie es nicht finden, dann schaffen sie es sich selbst!

Wagen Sie den Sprung!

Es ist wahr: Nur selten schafft jemand den Sprung in ein anderes Milieu. Erstens wagt in der Regel kaum einer, auch nur daran zu denken, und zweitens ist es sehr mühsam, sich aus seinem alten, gewohnten System zu befreien und »anderswo« (sprich: unter ganz anderen Menschen und in einer neuen und unvertrauten Umgebung) nochmals völlig neu zu beginnen.

Die räumliche Distanz alleine wird dafür oft nicht ausreichen, deshalb scheitern auch so viele Auswanderer, die zwar das Land und die Menschen wechseln, aber »sich selbst« und ihre alten Probleme immer noch unverändert mittragen.

Daher müssen Sie hier nicht bei der Umgebung, sondern immer bei Ihrem eigenen Unterbewusstsein ansetzen und vor allem dieses verändern.
Alles ist möglich – wagen Sie es!

Wer ist Ihr Umgang?

Bedenken Sie, dass Sie immer in einem energetischen System mit den anderen Menschen rund um Sie stecken. Aber Sie haben die Wahl, welchem System und welchem Personenkreis Sie sich zugehörig fühlen wollen.

Verkauf den FISH!

⇨ Nehmen wir wieder unsere Fischhändler vom Pike Place Fish Market als Beispiel: Sie haben ihr eigenes System aufgebaut. Ein System, in dem sie sich gegenseitig bestärken und unterstützen; sie schaffen auf diese Weise ihren gemeinsamen Weg zum Erfolg. Auch diese Menschen haben sich mit der Zeit verändert – sie haben eine bewusste Wahl getroffen und sich ihr Erfolgssystem selbst geschaffen.

Doch das alles hat seine Zeit gedauert. Der heutige Eigentümer hat, wie wir wissen, den Markt bereits im Jahr 1965 gekauft. Und es hat eine ganze Weile gedauert, bis der Erfolg sich einstellte. Also unterschätzen Sie niemals die Bedeutung der Zeit – mit anderen Worten: Haben Sie Geduld!

Dennoch gilt: Es ist nie zu spät, um ein altes System aufzugeben und ein neues aufzubauen. Die Evolution verändert ja ohnedies jedes System laufend. Wir haben es nur verlernt, uns damit abzufinden oder uns darauf einzustellen. Stattdessen versuchen wir oft verzweifelt, alle Änderungen von unserem eigenen System – sprich: von unserer Umgebung – völlig fern zu halten. Aber damit versuchen wir auch, alle Änderungen und überhaupt alles Neue, das hereindrängt, zu bekämpfen; wir versuchen, all dies zu verhindern, anstatt uns einfach auf diese Änderungen und den ständigen Wandel einzustellen und ihn als Teil unserer Entwicklung zu akzeptieren.

Verkauf den FISH!

Verhängnisvolle »Zusammenarbeit«

Genauso werden wir auch immer wieder gezwungen, die Glaubenssätze und Erwartungen »Anderer« zu erfüllen. Wenn beispielsweise jemand aus seiner Erfahrung eine Erwartung gebildet hat, und Sie treten in sein System, dann werden Sie gezwungen, diese Erwartung auch zu erfüllen.

Sie spielen dann den Erfüllungsgehilfen für die Erwartungen und Glaubenssätze dieses »Anderen«. Und genauso funktioniert dieser Mechanismus umgekehrt: Er spielt in gleicher Weise den Erfüllungsgehilfen für Ihre Erwartungen. Dieser Mechanismus läuft völlig unbewusst ab, ob Sie es wollen oder nicht.

Wenn an Sie positive Erwartungen gestellt werden, dann ist das ja durchaus zu begrüßen; seien Sie froh darüber, denn damit wird Ihnen dabei geholfen, Ihre eigenen Ziele zu erreichen.

Aber das gleiche System funktioniert leider auch beim Erfüllen gegenseitiger Verletzungen und Hemmungen.
Praktisch alle Menschen haben irgendwo ein Defizit. Solange sie diese Defizite nicht auffüllen, werden sie immer wieder daran erinnert.

Das wichtigste Motiv ist dabei das Streben nach Anerkennung. Und es ist zugleich auch die Grundlage vieler Verletzlichkeiten durch »Nicht-Anerkennung« (bzw. durch Verweigerung dieser speziellen Anerkennung, die für den Betreffenden eben besonders wichtig ist).

Verkauf den FISH!

Jeder Mensch hat somit etwas, nach dem er vor allem strebt. Und das kann für verschiedene Typen von Menschen jeweils etwas anderes sein: Jeder der folgenden zwölf Typen will vor allem für etwas anderes anerkannt werden (genauere Details in dem Kapitel Magic Selling):

Typ 1: Für das, wer er ist
Typ 2: Für das, was er hat
Typ 3: Für das, was er weiß
Typ 4: Für seine Familie, Kinder
Typ 5: Für seine Handlungen, Taten
Typ 6: Für das, was er arbeitet
Typ 7: Für seinen Partner
Typ 8: Für seine Meinung
Typ 9: Für seine Bildung
Typ 10: Für seine Karriere
Typ 11: Für seine Freunde
Typ 12: Für sein Bewusstsein

Solange ich allerdings die Anerkennung immer nur im Außen suche, werde ich immer wieder verletzt werden.

Wenn Sie sich z. B. wertlos fühlen und dieses Eigenwertdefizit immer nur mit materiellem Besitz (»Haben«) auffüllen wollen, kann es sein, dass Sie alles wieder verlieren, was Sie sich aufbauen. Denn Sie wollen damit ja eigentlich nur ihr Defizit vertuschen. Aber das funktioniert so nicht; äußerer Besitz ist nicht dazu da, die innere Leere aufzufüllen. Und dann passieren die sogenannten Schicksalsschläge.

Verkauf den FISH!

Wovor fürchte ich mich?

Dementsprechend ist jeder dieser zwölf Typen vor allem durch eine bestimmte Art von »Nicht-Anerkennung« verletzbar. Und jeder von ihnen reagiert darauf auf seine ganz eigene Art und Weise.

Fragen wir jeden von ihnen einmal: »Wie fühlst du dich, wenn du irgendwo das Gefühl hast, du wirst dort absolut nicht anerkannt?«

Die Antworten darauf sind sehr aufschlussreich, denn dann fühlt sich:

Typ 1:   schwächer
Typ 2:   weniger wert
Typ 3:   dümmer
Typ 4:   nicht geborgen
Typ 5:   handlungsunfähig
Typ 6:   weniger pflichtbewusst
Typ 7:   weniger schön
Typ 8:   ohnmächtig
Typ 9:   ungebildet
Typ 10: nicht anerkannt
Typ 11: nervös
Typ 12: ängstlich

Verletzen und verletzt werden

Auch hier stecken wir schon wieder in einem System von gegenseitigen Verletzungen. Wenn auch nicht gewollt, so übernimmt dennoch ein Systempartner die Rolle des Verletzers.

Er braucht das gar nicht zu wollen, aber Sie nehmen ihn trotzdem als verletzend wahr. Er dagegen handelt aus seinem Problem heraus und wird erst dadurch zu einem Problem für Sie.

Und wir alle reagieren auch entsprechend darauf: Wenn Sie sich dadurch schwächer fühlen, werden Sie die Person A stärker erleben – auch wenn A gar nicht stärker ist, so ist dies doch Ihre subjektive Wahrnehmung.

Ein anderer Mensch, der gerade diese Hemmung nicht hat, erlebt A gar nicht als »stärker« – er kann sich vielleicht gar nicht vorstellen, wie man gerade diesen Menschen ausgerechnet als »stark« empfinden könnte. Aus diesem Grund werden Eltern von ihren Kindern auch völlig verschieden wahrgenommen. Sprechen Sie einmal mit (Ihren) Geschwistern darüber!

Beziehungsgeflechte aufdecken

Das systemische Psychodrama ist ein hervorragendes Mittel, um derartige Prozesse aufzudecken. Dabei werden die unbewussten Beziehungsgeflechte durch Rollenspiele aufgedeckt.

Man sieht dadurch, was die anderen Systempartner für einen erfüllen, und man kann danach mit einem neuen Bewusstsein damit umgehen. Und es ist vor allem ein »Weg der kleinen Schritte«, um z. B. von der schwächeren auf die stärkere Position zu kommen.

Hier müssen Sie auch die Gesetze der »patriachalen Kultur« lernen und in sich integrieren. Denn auch hier dauert es viele Jahre, um in einen positiven Regelkreis zu kommen.

Zwar kommt hier oft das Argument: »Dafür bin ich schon zu alt.« Aber glauben Sie mir, es ist nie zu spät, zu einem positiven Lebensgefühl zu kommen. Mit Mentaltraining, Emotionaltraining, NLP, EFT können Sie Ihr Problem »Stück für Stück« auflösen.
Solange Sie Ihr Psychogramm nicht aufarbeiten, hängen Sie in diesem »Dilemma des Erfüllungsgehilfen« – siehe oben!

Wenn Sie aber beginnen, für sich selbst Verantwortung zu übernehmen und einen konsequenten Veränderungsprozess einzuleiten, wird Ihnen das Leben die Hand entgegenstrecken, und Sie werden Stück für Stück vorwärts kommen.

Nur mehr erfolgreich?

⇨ Unsere Fischhändler haben es geschafft. Sie können gar nicht mehr anders, als weiterhin erfolgreich zu sein.

Auch sie stecken zwar wieder in einem Kreislauf, denn ihr System, das sie so erfolgreich aufgebaut haben, verlangt nach permanenter Bestätigung, jeden Tag aufs Neue. Und der Kunde muss kaufen – ebenfalls jeden Tag aufs Neue. Dabei treten allerdings immer wieder Menschen in ihr System, die sie anziehen und die sie auf dem Weg zum weiteren Erfolg unterstützen. Sie sind somit in einem positiven Kreislauf – unterwegs zu ihrer Vision.

Und das gilt auch für Sie: Sobald Sie auf dem richtigen Weg sind, werden Sie Ihre Ergebnisse permanent bestätigen. Hier wirkt das »Gesetz der Bestätigung«.

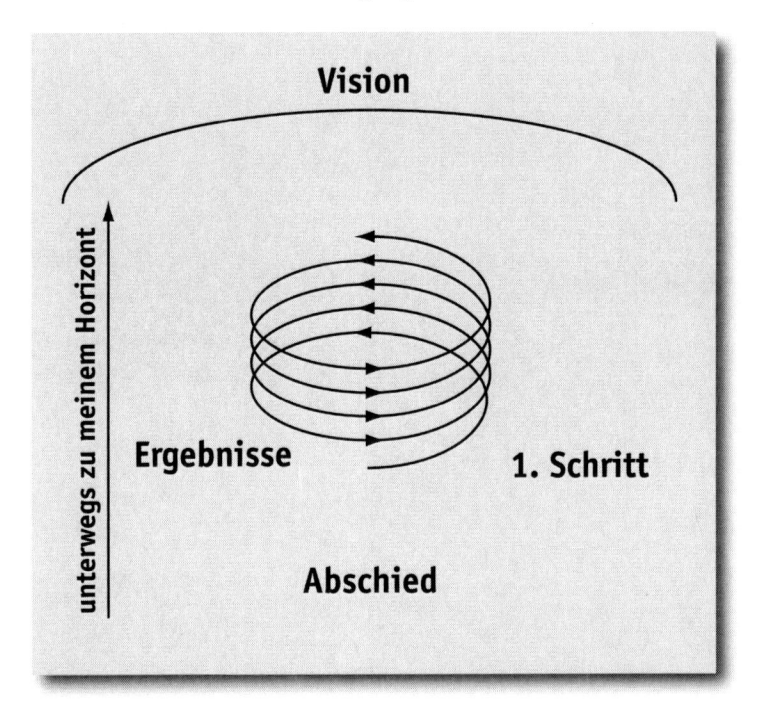

Vision

unterwegs zu meinem Horizont

Ergebnisse **1. Schritt**

Abschied

Verkauf den FISH!

Eigenwert

Ein Kernproblem insbesondere in unserer materialistischen Gesellschaft ist der Eigenwert des Menschen. Viele von uns leiten ihren Eigenwert ausschließlich von dem ab, was sie haben und was sie sich leisten (kaufen) können. Das ist einerseits gut für die Marken, aber es ist andererseits schlecht für einen Verkäufer.

Wer beispielsweise den Marktführer auf einem Gebiet repräsentiert, wird sich »wertvoller« fühlen als all die anderen, die sich am Markt tummeln. Viele Verkäufer definieren sich über das, was sie verkaufen. Stolz blickt vielleicht der Porscheverkäufer auf den Mazdaverkäufer herab. Jeder will in die Prestigeklasse, denn das hebt nun einmal den Eigenwert. Dennoch übersehen sie: Wer von Haus aus einen niedrigen Eigenwert hat, der hat gar nicht die Anziehung für so wertvolle Produkte. Er kann in dieser Klasse nicht mitspielen und würde dort wohl auch nicht erfolgreich sein.

Erfolg durch Eigenwert

Es besteht also ein direkter Zusammenhang zwischen den repräsentierten Marken und dem persönlichen Eigenwert des Betreffenden.
Wenn Sie also selbst eine Marke aufbauen oder repräsentieren wollen, brauchen Sie dazu Menschen mit einem

überdurchschnittlich hohen Eigenwert. Denn nur jemand, der diesem Produkt entspricht, traut sich auch, den entsprechenden Preis zu verlangen. Für solch einen Menschen ist es auch selbstverständlich, ganz anders aufzutreten als ein bescheidener und »pflegeleichter« Durchschnittstyp. Und insbesondere hochwertige Markenprodukte brauchen eben einen gewissen »Mehrwert« schon beim Auftreten ihres Repräsentanten.

Ein Beispiel

Ich selbst habe beispielsweise einmal eine Maschine verkauft – und das erwies sich als ein richtiges Kunststück.

Kurz die Situation: Umsatzmäßig war unsere Konkurrenz damals etwa dreißigmal so groß wie wir. Aber – und das war unsere Stärke – nur wir vertraten den Marktführer, die anderen hatten bloß Kopien; wir nennen so etwas ein »Me-too-Produkt«. Noch dazu kamen beide Geräte aus derselben Fabrik – eine sogenannte Zweimarkenstrategie – und waren nur optisch etwas unterschiedlich.

Aber die anderen Anbieter hatten etwa um 40 % unter meinem Preis angeboten und trotzdem kein einziges Gerät verkauft. Das war also »Markenverkauf in Reinkultur«.

Was können wir daraus lernen? Wenn Sie höherpreisig verkaufen wollen, dann müssen Sie vor allem an Ihrem »Eigenwert« schrauben. Am besten, Sie definieren sich gar nicht erst über das Produkt, sondern ausschließlich über sich selbst. Zu diesem Zweck erhöhen Sie systematisch Ihren Eigenwert, beispielsweise durch Mentaltraining.

Verkauf den FISH!

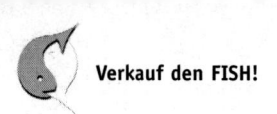

Die Transaktionsanalyse

Dieses Kapitel brauchen Sie noch, um den Rest des Buches verstehen zu können. Zunächst also die Frage: Was ist denn diese Transaktionsanalyse? Hier eine kurze Erklärung:

Die Transaktionsanalyse (TA) ist eine Methode der Persönlichkeitsanalyse, deren Grundlagen in den fünfziger Jahren entwickelt wurden. Die TA wird seitdem konsequent weiter ausgebaut und verfeinert. Sie baut auf systematischem Erfahrungswissen aus humanpsychologischen Erkenntnissen auf und umfasst im Wesentlichen vier grundlegende Fragestellungen:

Wie ist eine Person in ihren Grundzügen zu verstehen – und wie ist sie zu beeinflussen? (Wird in der Analyse der Persönlichkeitsstruktur erfasst, es ist der Charakter einer Person.)
Wie ist das, was zwischen Menschen in der Kommunikation abläuft, zu verstehen und zu beeinflussen? Welche Regeln und Gesetzmäßigkeiten gibt es hier? (Wird erfasst in der Analyse von Transaktionen, Interaktionen.)
Welche Regeln und Gesetzmäßigkeiten lassen sich in konfliktgeladenen und problematischen Beziehungen erkennen und wie kann man sie entschärfen? (Wird erfasst in der Analyse von Spielen.)

Nach welchen erkennbaren Regeln und Erfahrungen bilden Menschen im Laufe ihres Lebens ihren Charakter, ihre Persönlichkeit, und wie kann man solche Entscheidungen, gewonnenen Überzeugungen (Beliefs) und Grundhaltungen beeinflussen und verändern? (Wird untersucht in der Skriptanalyse.)
Der Begriff »Analyse« umfasst in der TA übrigens sowohl Erkennen und Verstehen dessen, was ist, wie auch daraus abgeleitete Optionen für Interventionen und Prozeduren, wie man sinnvoll mit den erkannten Situationen und den darin beteiligten Menschen respektvoll, hilfreich und kontrolliert zielgerichtet umgehen kann.

Soweit die Erklärung. Aber was bedeutet dies in der Praxis?

Anpassung und Unterordnung

Wir alle leben in einem interessanten System von Anpassung und Unterordnung. Das beginnt bereits als Kind: Während der Erziehung verlangen Lehrer und Eltern von uns, angepasst und brav zu sein. Sie sind also – um in der Sprache der TA zu bleiben – die »Kompensatoren« und wir die »angepassten Kinder«.
Das angepasste Kind unternimmt nichts. Es reagiert nur auf die Vorgaben der Kompensatoren. Es leidet, duldet, klagt, verzichtet und ist passiv. Man nennt dies »in der Hemmung« sein; das Kind wartet ab – es glaubt, dass alles von selbst gut wird, dass alles von alleine besser wird.
Einfach nur warten – auf den Weihnachtsmann oder auf was immer – , und alles wird gut. Zumindest hat die Mutter das

immer gesagt. Ein Zustand, den viele auch im erwachsenen Alter immer noch einnehmen.

Was diese Menschen nicht gelernt haben: selbst aktiv zu werden. Und vielleicht wurden sie von ihren Eltern auch noch darin bestärkt. Denn gerade für die vorige Generation waren Begriffe wie »Gehorsam« ja noch viel wichtiger als für unsere Generation.

Wie dem auch sei, diese Menschen haben einfach noch nie probiert, ihre Entscheidungen völlig selbständig zu treffen. Und oft genug kommt man damit auch als Erwachsener immer noch recht gut über die Runden. Denn viele von uns sind ja niemals wirklich alleine. Wenn uns früher die Eltern sagten, was wir zu tun hatten, dann sagt uns das jetzt unser Vorgesetzter (und im privaten Bereich der Ehepartner).

Wir können also auch recht gut »funktionieren«, indem wir immer nur tun, was uns »andere« sagen.

Nur ist so ein Verhalten fast schon lebensbedrohlich. Jeder Mensch ist ein ganz bestimmtes energetisches System, dessen Energien auch gelebt werden wollen. Wenn Sie einen Strauch hernehmen, der immer wieder in eine ganz bestimmte Form geschnitten wird, dann lässt sich die Natur das nicht gefallen. Er treibt immer wieder aus. Und so ist es auch beim Menschen. Wer seine Energien nicht lebt, der muss damit rechnen, dass sie sich gegen ihn richten. Die Folge: Krankheit, Schicksalsschläge und Leid.

Die bravsten und angepasstesten Menschen haben dann auch oft die meisten Krankheiten. Und dann fragt sich jeder: »Der ist doch so brav, womit hat er das verdient?«

Beispielsweise wird ein Mensch, der immer wieder an der Kommunikation gehemmt wird, irgendwann einmal an der Lunge erkranken. Oder wenn jemand immer wieder in den eigenen Handlungen blockiert wird, kann es sein, dass er ein Herzleiden bekommt.

Der jeweilige Kompensator erscheint dem Kind stets größer und stärker und sagt ihm immer, was es zu tun hat.

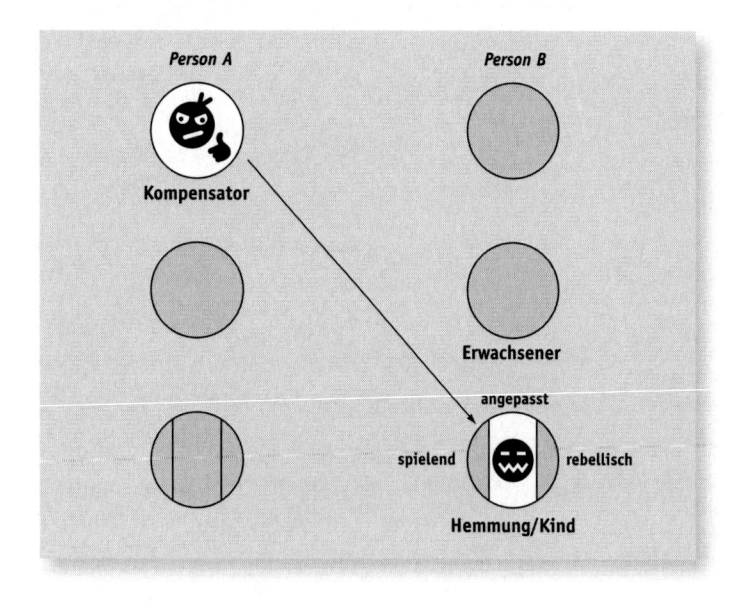

Der Ton macht die Musik

Wesentlich ist dabei, auf welche Art und Weise im Einzelfall die Zurechtweisung erfolgt. Ein freundschaftlicher Tipp ist hier weitaus besser zu vertragen als harsches »Herunterputzen«. Der Ton macht also dabei die Musik:

- Ich werde dafür sorgen, dass das nicht mehr vorkommt!
- Was haben Sie sich eigentlich dabei gedacht?
- Sie müssen immer daran denken, dass ...
- Sie dürfen nie vergessen, dass ...
- Wie oft habe ich ihnen schon gesagt, dass ...

Aber eines bleibt hier gleich: In jedem Fall heißt es für den Zurechtgewiesenen kuschen, unterordnen und das tun, was der Kompensator befiehlt. Wir bleiben in einer angepassten Rolle – ein ähnliches Spiel, wie es schon zwischen Eltern und Kind lief.

Doch auch ein Kind lässt sich nicht alles gefallen. Je nach Temperament – der eine schneller, der andere langsamer – wird mit Sicherheit irgendwann ein Rollenwechsel stattfinden.

Da wird das »angepasste Kind« plötzlich zum »rebellischen Kind«. Jede neue Verletzung wird registriert – und irgendwann läuft das Fass dann auch prompt über.

Dann wird dem Kompensator ordentlich »eingeheizt«. Und was passiert dann? Ein Streit ist normalerweise die Folge. Der Kompensator will natürlich nicht von seiner übergeordneten Position abrücken. Und das Kind will bei diesem »Spiel« nicht länger mitspielen.

Verkauf den FISH!

Dass auf dieser Ebene keine Kommunikation mehr möglich ist, kann sich jeder vorstellen.

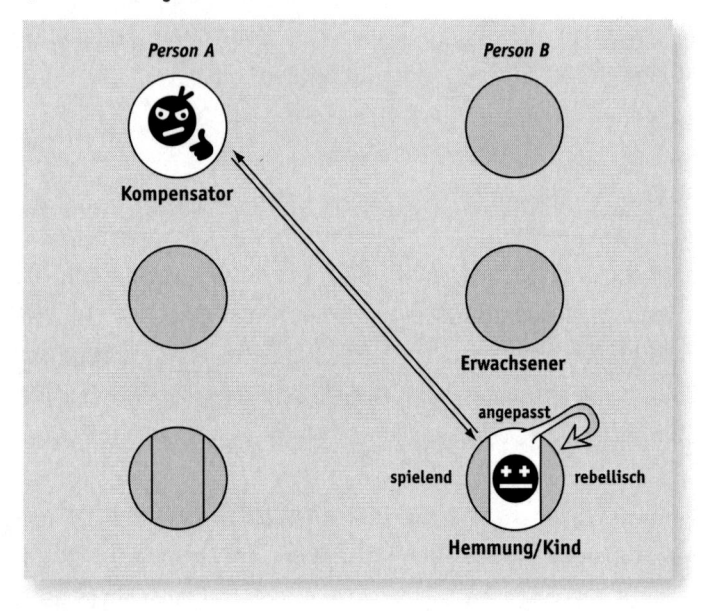

Person A: Kompensator
Person B: Erwachsener, Hemmung/Kind (spielend, angepasst, rebellisch)

Das Prinzip »rebellisches Kind« ist der Sitz von Trotz und Rebellion. Und vor allem: Es verhält sich selbstdestruktiv. Statt sich den Vorschriften und Erwartungen zu fügen, tut es so weit wie möglich das genaue Gegenteil. Und wundert sich dann oft auch noch, wenn plötzlich alles schief geht. Weder der Kompensator noch das angepasste Kind noch das rebellische Kind sind konstruktive Verhaltensweisen. Denn auf dieser Ebene ist vernünftige Kommunikation kaum möglich. Aber es ist immer besser, in der Kompensation zu sein als in der angepassten Kind-Rolle. Mit einem Kompensator ist in dieser Situation kein vernünftiges Gespräch möglich. Er fühlt sich immer als der »Bessere« und dem Gehemmten grundsätzlich überlegen.

Inwieweit »besser«?

Allerdings ist die Formulierung »sich überlegen fühlen« noch nicht genau genug. Es gibt nicht weniger als zwölf verschiedene Gründe, weshalb hier der eine auf den anderen »herunterschauen« kann, warum er sich diesem Menschen gegenüber im Einzelfall so überlegen fühlt und der andere in die gehemmte Rolle schlüpft.

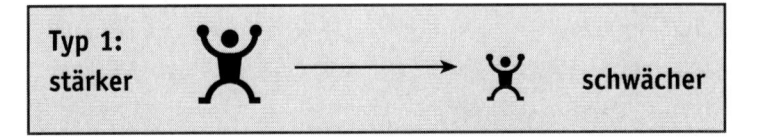

Typ 1: stärker	🕺 ⟶ 🕺	schwächer

Helmut F., 21, ist Verkäufer in einem großen Fotogeschäft. Normalerweise erfüllt er seinen Job ziemlich gut, er kennt seine Produkte, hat selbst viel Erfahrung im Fotografieren und bildet sich regelmäßig weiter. Deshalb kommt er mit seinen Kunden in der Regel auch gut zurecht – mit einer Ausnahme: Mit einem ganz bestimmten Typ von Kunden kriegt er regelmäßig Probleme.

Es ist der starke und etwas schroffe Typ, ein Mann, der »weiß, was er will« und der schon das Geschäft so geladen betritt, als würde er alles überfahren.

Bei diesem Typ weiß Helmut F. nie so genau, wie er ihn »nehmen« soll. Denn genau dieser Typ, der ähnlich wie sein Chef auftritt, macht ihm mit seiner gewaltigen Stärke schlichtweg Angst.

Und genau so reagiert Helmut F. dann auch prompt: Er »fördert« seine eigene Unterordnung auch noch, indem er diesem Menschen noch weitaus devoter begegnet als anderen Kunden.

Die richtige Lösung wäre hier allerdings genau das Gegenteil: Würde er das scharfe Verhalten dieses Kunden an ihn zurückgeben (Fachausdruck: »spiegeln«) und ihn ebenso schroff behandeln, wie er es mit den anderen macht, so wäre dies die entsprechende, die richtige Reaktion. Sie würde das »schiefe« Kräfteverhältnis zwischen den beiden Personen gerade rücken.

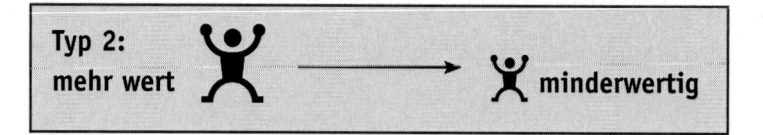

| Typ 2: mehr wert | ⟶ | minderwertig |

Gerd W., 27, ist ein tüchtiger Verkäufer im Außendienst. Er verfügt über angenehme Umgangsformen und findet rasch Kontakt zu anderen. Dabei präsentiert er seine Produkte auf eine sachliche und unaufdringliche Art, eher nebenbei, und punktet damit oft gerade bei jenen Kunden, die eine allzu aufdringliche Präsentation nicht ausstehen können.

Kein Grund zur Klage also – bis auf eines: Bei einem bestimmten Typ von Kunden kann er sich einfach nicht durchsetzen. Es handelt sich um jene Art von Mensch, der schon durch sein Verhalten andeutet, er wäre »etwas Besseres«.
Bei diesem Menschentyp kommt Gerd W. »ins Schwimmen«: Er verliert seine Selbstsicherheit und sein Konzept. Er weiß dann plötzlich nicht mehr, was er gerade sagen wollte, und verhaspelt sich unter Umständen sogar völlig.

Der Grund dafür: Insgeheim hält sich Gerd W. für etwas minderwertig. Er glaubt einfach, er wäre nicht ganz so wertvoll wie die anderen, die haben einfach mehr. Und wie wirkungsvoll derart tief im Unterbewusstsein verankerte Glaubenssätze (Beliefs) sein können, haben wir ja bereits erfahren.

Stößt Gerd W. wieder auf einen solchen Kunden, der ihm auf genau diese gefürchtete »überlegene« Art entgegentritt, so verliert er all seinen mühsam aufgebauten Eigenwert, er krümmt sich zum »Wurm« – und erfüllt damit auch prompt die Anforderungen dieser Rolle.

Reines Verhaltenstraining würde hier wohl wenig bewirken, um diesen Glaubenssatz zu brechen, bedarf es wirkungsvollerer Mittel wie beispielsweise Mentaltraining. Er muss es schaffen, von materialistischen Wertvorstellungen loszukommen, und zu der inneren Überzeugung kommen, dass jeder Mensch gleich viel wert ist, egal ob er etwas besitzt oder nicht.

Verkauf den FISH!

Typ 4:
intelligenter   **dümmer**

Albert E. (45) bearbeitet die Firmenkunden eines bekannten Internetproviders. Dank seiner beruflichen Vergangenheit – er war viele Jahre lang als Administrator für Computernetzwerke tätig – ist er auch auf dem technischen Sektor seines Berufes zu Hause und kann so ganz genau zwischen echten und vorgeschobenen Einwänden der Kunden unterscheiden.

Dementsprechend ist es für ihn kein Problem, einem Kunden ein maßgeschneidertes und für seine Ansprüche optimiertes Angebot zusammenzustellen. Hosting, SQL-Datenbanken, PHP, Content Management, Web-Shops, Portale – alles, was sein Unternehmen an Dienstleistungen anbietet, kennt er in- und auswendig und weiß schnell daraus jene Dinge auszuwählen, die für den betreffenden Kunden den größten Nutzen bieten.

Aber trotz seines großen Fachwissens fühlt sich Albert E. den anderen Menschen unterlegen. Der Grund: Er hat die Mittelschule abgebrochen, da er sie einfach nicht geschafft hat. Er hat sich sein gesamtes Wissen ausschließlich selbst beigebracht – aus Fachbüchern, durch »Versuch und Irrtum« und aus dem Internet hat er jede verfügbare Möglichkeit genutzt, um dazuzulernen und sein Wissen zu erweitern.

Trotzdem ist er im Inneren immer noch davon überzeugt: Weil er das Abitur niemals erreicht hat, wäre er dümmer als die »Anderen«.

Deshalb fühlt er sich auch gegenüber jedem »Anderen« zurückgesetzt, der ein Abitur absolviert hat – obwohl er inzwischen mehrfach erleben konnte, dass viele erfolgreiche Informatik-Absolventen ihm mit seinem gewaltigen Fachwissen nicht das Wasser reichen konnten.

Auch dieses Gefühl, »dümmer« zu sein als andere, ist real durch nichts begründbar, deshalb kann es wieder nur ein Glaubenssatz sein. Und mit NLP kann Albert E. diesen Satz wirkungsvoll umändern, beispielsweise in den Satz: »Ich weiß sicher nicht alles – aber was ich weiß, ist mehr als genug!«

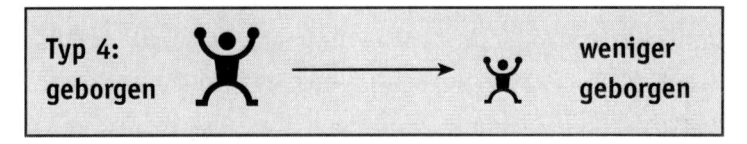

Typ 4: geborgen	→	weniger geborgen

Fred F. (34) hat viel in seinem Beruf erreicht. Er ist in den letzten Jahren zu einem der Top-Verkäufer seiner Versicherung aufgestiegen. Er zählt seit einigen Jahren zu den Außendienst-Mitarbeitern seiner Versicherung. Seine Aufgabe ist es, die Kunden über ihre individuellen Versicherungsmöglichkeiten zu beraten und für sie die besten und attraktivsten Varianten herauszusuchen.

Verkauf den FISH!

Vor zwei Jahren hat er geheiratet und wohnt mit seiner jungen Gattin in einer neuen Wohnung, deren Einrichtung noch immer nicht vollständig abgeschlossen ist. Eine der Ursachen dafür ist das gemeinsame Kind, das doch einen guten Teil der finanziellen Möglichkeiten beansprucht. Aber nach und nach werden Wohnung und Einrichtung immer vollständiger.

Der junge Familienvater kniet sich auch ordentlich in seinen Beruf hinein, das übliche Provisionssystem erlaubt es ihm, mit etwas mehr Zeitaufwand auch mehr Geld pro Monat herauszuholen – eine Chance, die der ehrgeizige junge Mann regelmäßig gerne wahrnimmt.

Allerdings bereitet ihm eine bestimmte Situation im Vertrieb immer noch Schwierigkeiten. Es kann immer dann passieren, wenn er jemanden zu Hause besucht, um ihn über seine Versicherungsmöglichkeiten zu beraten. Während er allen anderen Kunden ohne jedes Problem sachlich gegenüber treten kann, wird er hier unsicher.

Und zwar sind es gerade jene Kunden, die in einer rundum intakten Familie leben; sie verunsichern ihn, ohne dass er weiß, weshalb. Wenn beispielsweise die Tür aufgeht und die Gattin zum Verkaufsgespräch eine Platte mit einem Imbiss aus liebevoll hergerichteten Brötchen und Getränken beisteuert, wird Fred F. plötzlich unsicher, obwohl – objektiv gesehen – keinerlei Grund dazu besteht.

Die Ursache dafür ist die Angst, er (bzw. in seiner Diktion: »man«) könne sich einfach nicht geborgen fühlen, denn das wäre letztendlich ohnehin immer nur eine Illusion. Auslöser war die Kindheit, in der er nie eine Geborgenheit erleben konnte. Der Vater hatte die Familie bald verlassen und seine Mutter musste sehr viel arbeiten, da sie das Geld für die Familie besorgen musste.

Heute versucht Fred F., seine eigene Familie aufzubauen, hat aber Geborgenheit nie gelernt. Daher machen ihn solche Situationen unsicher und plötzlich spürt er auch eine gewisse Ungeborgenheit und Identitätslosigkeit.

Hier muss Fred F. bei sich selbst ansetzen und seine eigene Geborgenheit spüren lernen. Das funktioniert z. B. über Berührungstherapien.

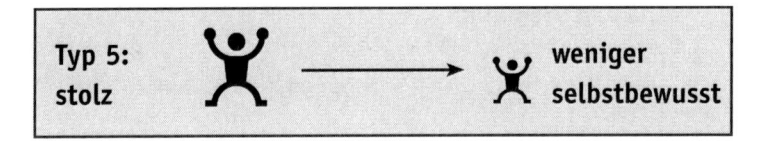

| Typ 5: stolz | ⟶ | weniger selbstbewusst |

Hans A. (19) ist Verkäufer in einem großen Elektronik-Shop. Seit er vor einem knappen Jahr hier begann, konnte er sich bereits die Anerkennung von Kollegen und Chef erringen. Der schlanke, freundliche und immer hilfsbereite junge Mann ist bei allen Mitarbeitern gern gesehen.

Und auch mit den Kunden kommt Hans A. gut zurecht. Er kennt inzwischen das gesamte Warenangebot in- und auswendig, und weil ihn vor allem die Digitalkameras selbst interessieren, ist er auch über neueste Modelle und ihre Eigenheiten immer im Bilde.

Auch sein Auftreten dem Kunden gegenüber ist tadellos, seine ruhige und eher zurückhaltende Art kommt gut an, oft besser als das marktschreierische Gehabe mancher Kollegen.

Aber mit einem bestimmten Kundentyp hat Hans A. immer noch seine Schwierigkeiten. Gerade jene Kunden, die ihn nicht wie einen Berater, sondern eher wie einen Sklaven behandeln, weiß er nicht so recht zu »nehmen«. Er ertappt sich immer wieder dabei, dass er sich von ihnen ins Bockshorn jagen lässt.

Der Grund dafür: Sein Selbstbewusstsein ist noch sehr unterentwickelt. Stolzes Auftreten verschreckt ihn, bevor er darüber nachdenken kann. Herrisches Auftreten demoliert ihm sein Selbstbewusstsein und er fühlt sich unterlegen.

Zu einem guten Teil ist dies auch eine Angelegenheit des Alters, er ist als Jüngster im Haus eben noch gewohnt, dass andere ihm anschaffen, was er zu tun hat.

Dementsprechend ist hier als erste Maßnahme einfach Geduld angesagt. Sobald er etwas mehr Erfahrung hat und etwas älter geworden ist, wird auch sein Selbstbewusstsein zunehmen, dennoch wird er gerade in diesem Bereich einen wunden Punkt haben.

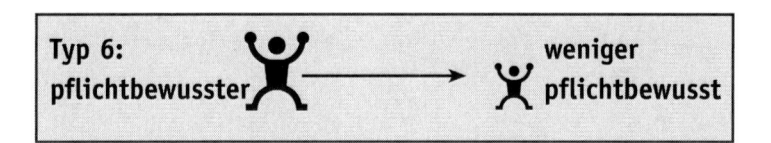

| Typ 6: pflichtbewusster | → | weniger pflichtbewusst |

Jakob W. (27) ist Außendienstmitarbeiter eines großen und weltweit renommierten Kopierer-Herstellers. Er besucht kleine und große Unternehmen, um dort den potenziellen Käufern seine Geräte zu präsentieren und sie beim Kauf des für ihre Anforderungen am besten geeigneten Modells zu beraten.

Privat ist er sehr aktiv, er spielt als Musiker in einer Band und pflegt seine sozialen Kontakte – vor allem in den Stammcafés und Pubs der Metropole, in der er lebt. Dass er – von gelegentlichen Episoden abgesehen – noch single ist, schätzt er sehr und hat auch nicht vor, dies bald zu ändern.

Er hat einen großen Freundeskreis und ist dort auch gern gesehen. Privat ist Jakob W. ein angenehmer und unterhaltsamer Gesprächspartner; er gilt als jemand, der auch zuhören kann. Dementsprechend kommen oft auch weibliche Bekannte, um sich bei ihm »auszuweinen« oder einfach, um sich einen guten Rat zu holen, wenn bei ihren Beziehungen etwas allzu unübersichtlich geworden ist.

Beruflich erledigt Jakob W. seinen Job »mit links«, wie er sagt, ohne allzu viele Gedanken darauf zu verschwenden. Für ihn ist klar: In der Arbeitszeit setzt er sich voll für den Job ein – aber in der Freizeit sind andere Dinge angesagt.

Und normalerweise kommt er mit dieser Einstellung auch gut mit den Aufgaben in seinem Job zurecht.

Allerdings kann ihn eine Situation sofort aus dem Tritt bringen: Wenn nämlich der Eindruck im Raum schwebt, er hätte »geschlampt« und sich nicht genügend sorgfältig auf ein Gespräch vorbereitet, wirkt Jakob W. jedes Mal betroffen – auch wenn ihm sachlich kaum etwas vorzuwerfen ist.

Der Grund: Mit seinem eher intuitiven Lebensstil und seiner Persönlichkeit ist systematisches Arbeiten für ihn kaum möglich. Deshalb hat er sich auch alle seine Hintergrundinformationen einfach durch »Versuch und Irrtum« erarbeitet und mit seiner Erfahrung weiß er heute ziemlich genau, nach welchen Informationen in der Regel gefragt wird. Und darauf ist er vorbereitet. Aber weil er das systematische Arbeiten eben noch nie wirklich gelernt hat, weiß er im Unterbewusstsein ganz genau: Irgendwo gibt es sicher noch die eine oder andere Lücke, die ihn verraten kann.

Mit dazu beigetragen hat sein Vater, für den als gelernten Buchhalter die Pflicht und das genaue und absolut fehlerfreie Arbeiten etwas Selbstverständliches waren. Mit diesen Anforderungen von Präzision und Genauigkeit hat sein Vater in ihm immer das Gefühl verursacht, er nehme seine Arbeit zu leicht, mache es sich zu einfach und hätte seine Pflicht mit all dem, was er leistet, noch nicht wirklich erfüllt.

Was sein Vater dabei übersehen hat: Gerade diese lockere und offene Art und seine künstlerische Begabung sind die Grundlagen, die es ihm ermöglichen, in seinem Job so erfolgreich zu sein. Mit der Persönlichkeit seines Vaters wäre er trotz größtem Pflichtbewusstsein und höchster Präzision im Vertrieb nach höchstens einigen Monaten gescheitert, er hätte keinen »Draht« zu seinen Kunden gefunden.
Trotzdem ist die Kritik des Vaters bei ihm irgendwie hängen geblieben, er hat – wenn auch ohne wirklichen Grund – immer noch das Gefühl, er würde ständig eine kleine, aber wesentliche Pflichtverletzung begehen. Und damit gibt es auch eine Basis für die Angst, dass genau diese Schwäche irgendwann einmal aufgedeckt werden könnte.

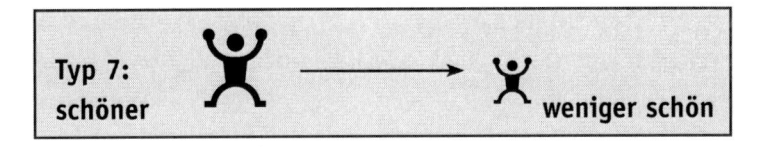

| Typ 7: schöner | 🙆 ⟶ 🙍 weniger schön |

Beate U. (36) ist Verkäuferin in einer exklusiven Modeboutique in der Innenstadt. Die allein erziehende Mutter einer zwölfjährigen Tochter ist seit vielen Jahren eine Stütze der Boutiquebesitzerin, für sie ist es kein Problem, die Boutique notfalls auch tagelang ohne Chefin zu führen.

Auch ihr modischer Geschmack ist ausgeprägt und sicher, sie hat ein gutes Gefühl dafür, welche Mode zu welchem

Typ passt, und weiß die verschiedensten Kundinnen sicher und sachverständig zu beraten. Dabei vermittelt sie mit ihren Ratschlägen zugleich auch das Gefühl einer Aura von Kompetenz, sodass ihre Kundinnen diese Ratschläge auch gerne annehmen.

Nur mit einem Typ hat sie regelmäßig Probleme: Es ist jener – gottlob seltene – Typ von Frau, die auch im Leben so wirkt, als wäre sie gerade aus den Seiten eines Glamour-Magazins geschlüpft. Bildschön, dazu das passende Make-up, mit einem Wort: eine Schönheit, nach der sich viele Männer umdrehen.

Bei diesen Kundinnen gerät die gesamte Kompetenz und Selbstsicherheit von Beate U. mit einem Schlag ins Wanken. Der Hintergrund: Schon als Kind empfand Beate U. sich als »hässliches Entlein«, dabei war doch »schön sein« einer ihrer Kinderträume, wie sie viele kleine Mädchen hegen. Aber weil zu ihrem Freundeskreis auch einige andere, attraktivere Mädchen gehörten, beschloss sie, sich »hässlich« zu fühlen. Und als auch der Vater ihrer Tochter sie verließ und stattdessen eine bildschöne Blondine (ohne Hirn, aber mit viel Busen) zur neuen Freundin nahm, wurde die Angst aus Kindertagen zur »Gewissheit«: Sie war eben nicht schön und damit nur »zweitbeste Wahl«.

Und auch heute löst eine Kundin, die mit besonderer Schönheit ausgestattet ist, in ihr immer noch diesen Unterwerfungsreflex aus, ihre Selbstsicherheit und ihre Souveränität schalten sich augenblicklich ab.

Hier wird wohl eine Veränderung des verhängnisvollen Glaubenssatzes höchst angebracht sein. Auch auf das persönliche Wohlbefinden hätte dies wohl einen positiven Einfluss.

Und zum Trost für alle Leidensgenossinnen sei festgehalten: Es gibt bekanntlich eine Menge weltbekannter und berühmter Frauen, die zwar – wie beispielsweise Sophia Loren – von Natur aus nicht gerade eine Schönheit sind, die aber mit einem äußerst geschickten Make-up die speziellen Charakteristika ihres Gesichts so clever betonen, dass es noch viel mehr wird als nur »schön«: nämlich unverwechselbar und einzigartig!

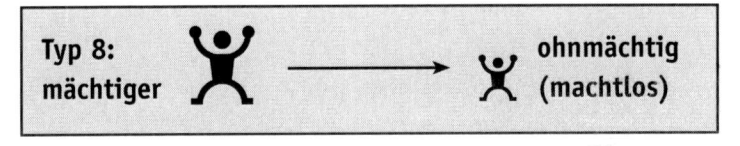

Typ 8: mächtiger	→	ohnmächtig (machtlos)

Bernd P. (28) verkauft IT-Sicherheitslösungen an kleinere und größere Unternehmen: Schutz vor Viren und unerwünschter E-Mail (Spam), Firewalls und Netzwerke sind sein tägliches Brot.

Fachlich hat er als FH-Ingenieur zweifellos die richtige Grundlage dazu und hier hat er auch keine Schwierigkeiten. Trotzdem kommt er mit einer bestimmten Art von Kunden einfach nicht zurecht, und das findet bei seinen Ergebnissen auch seinen Niederschlag.

Was er fürchtet und womit er nicht umgehen kann, sind jene Menschen, die schon beim Eintreten von einer unsichtbaren Aura der Macht umgeben sind.

Persönlichkeiten, die durch ihr Gehabe demonstrieren, wie mächtig sie sind, und denen man mit vernünftigen Argumenten »einfach nicht beikommen« kann.

Trifft er auf einen solchen Kunden, so verliert er seine Souveränität, wird unsicher, beginnt zu stottern und vergisst manchmal sogar darauf, völlig offensichtliche und logische Argumente einzubringen. Das Verkaufsgespräch endet dann oft genug mit einer Katastrophe und er fühlt sich dem anderen gegenüber ohnmächtig.

Gerade in den letzten Monaten waren seine Ergebnisse deshalb so schlecht, dass er zurzeit ernsthaft überlegt, diesen Job aufzugeben und in die Softwareentwicklung abzuwandern.

Der Grund für seine Schwierigkeiten ist: Bernd P. hat ein grundsätzliches Problem mit der Macht, insbesondere wenn sie von anderen so ausdrücklich ausgeübt wird, wie in unserem Beispiel beschrieben. Er fühlt sich diesen Menschen gegenüber ohnmächtig, was ihn zur Verzweiflung bringt.

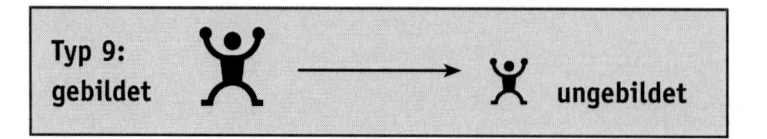

| Typ 9: gebildet | → | ungebildet |

Ähnlich liegen die Dinge auch bei Peter H. (42), einem Mitarbeiter in der Vertriebsabteilung eines Elektroherstellers. Auch er weiß über seine Produkte bestens Bescheid, er kann mit allen Fachhändlern, die seine Kunden sind, gut umgehen und verfügt auch über genügend Selbstbewusstsein. In der Regel erledigt er seinen Job ohne wesentliche Schwierigkeiten, falls ihn sein altes Auto nicht wieder einmal im Stich lässt – das Vehikel ist ein klassischer Oldtimer und sein Ein und Alles; in der Vertriebsabteilung kursieren bereits zahlreiche Legenden darüber, in welch seltsame Situationen ihn das Ding mit seinen Pannen bereits gebracht hat. Aber er hängt trotzdem daran und schätzt vor allem die Aufmerksamkeit, die ihm das Fahrzeug bei vielen seiner Kunden verschafft – ein ideales Gesprächsthema für einen unverbindlichen Einstieg. Und wie er das solcherart begonnene Gespräch dann in Richtung Abschluss lenken kann, das weiß er sehr wohl.

Aber egal, ob der Trick mit dem Auto funktioniert oder nicht: Bei einem seiner Kunden findet er sich manchmal trotzdem auf der »Verliererseite« wieder. Er reist ab, ohne einen Auftrag zu schreiben. Dabei hat in diesen Fällen der Kunde zu diesem Desaster kaum etwas beigetragen, das schlechte Ergebnis hat sich Peter H. wohl eher selbst zuzuschreiben.

Und es passiert immer wieder bei einem bestimmten Gesprächspartner: einem belesenen und rundum gebildeten Mann, der womöglich auch noch mehrere Studien abgeschlossen hat und vor dem reinen Fachgespräch einfach gerne über dies und das plaudert. Also keine Standardthemen, auf die man sich vielleicht sogar vorbereiten könnte, sondern immer etwas, womit er seine Bildung demonstrieren kann.

Genau hier verliert Peter H. regelmäßig den Boden unter den Füßen; er weiß nichts dazu zu sagen. Daher fühlt er sich diesem Gespräch nicht gewachsen und dem Gegenüber in puncto Bildung weit unterlegen. Und genau das bringt ihn jedes Mal wieder so aus dem Konzept, dass er seine Lockerheit und Selbstsicherheit von einem Augenblick zum nächsten völlig verliert. Dann reagiert er nur noch hölzern und automatenhaft – und gewinnt auf diese Weise natürlich keinen Blumentopf.

Sicher, sein Gesprächspartner mag weitaus gebildeter sein als er – warum also ist dies gerade für Peter H. eine solche Katastrophe?

Egal, welches Erlebnis in der Kindheit die Ursache war – eines hat Peter H. sich für den Rest seines Lebens gemerkt: Wer »gebildet« ist, ist mehr wert – zumindest nach seinem persönlichen Glaubenssatz. Und sobald er an einen Menschen mit besonders hoher Bildung gerät, reagiert er auch entsprechend und startet seine persönliche Unterwerfung.

Eine Möglichkeit für ihn wäre, sich diesen verhängnisvollen Glaubenssatz »geradezurücken«, beispielsweise mittels NLP. Denn logische Begründung dafür gibt es ja keine; wir alle müssen immer wieder auch mit Menschen in Kontakt treten, die uns in irgendeinem Punkt überlegen sind, beispielsweise eben in ihrer Bildung. Aber trotzdem bleibt eine Tatsache: Jeder Mensch hat seinen Wert – egal, wie gebildet oder ungebildet er sein mag.

So wurde der herrliche Rotwein, den Sie neulich getrunken haben, vielleicht von einem Winzer geschaffen, der Ihnen in puncto Bildung niemals das Wasser reichen könnte – mit einer Ausnahme: Er weiß, wie man so einen hervorragenden Wein zustande bringt, und Sie wissen das nicht. Und für den guten Wein ist genau dieses besondere Wissen, über das nur er verfügt, eben auch schon alles, was dazu nötig ist.

Und ebenso ist es im Vertrieb: Auch wenn ein Gesprächspartner vielleicht mit seiner umfassenden Bildung glänzen will (oder auch nur darüber reden möchte, was ihm gerade durch den Kopf geht), ist »gebildet sein« letztendlich nicht die Aufgabe des Mitarbeiters. Seine Aufgabe ist es vielmehr, möglichst alles über seine Produkte zu wissen und schnell die verfügbaren Sonderkonditionen anbieten zu können – mehr nicht.

Deshalb kann er auch ruhig zugeben, dass er über das angeschnittene Thema nichts weiß, diese besondere Ehrlichkeit – nämlich: zuzugeben, dass man etwas nicht kann – wird erfahrungsgemäß niemals übel genommen. Und zugleich kann er mit diesem Argument das Gespräch auch sofort in die von ihm angestrebte Richtung lenken: zum Produkt, zum Verkauf und zum Abschluss.

Voraussetzung dafür ist allerdings, dass er es selbst akzeptieren kann, sich frei und unbekümmert als »ungebildet« zu präsentieren – notfalls den verhängnisvollen Glaubenssatz »Ich bin sooo ungebildet und deshalb ein Wurm« per NLP schnellstens umdrehen lassen.

Denn Tatsache ist: Solange er bloß all das weiß, was zu seinem Job gehört, weiß er auch schon alles, was er braucht. Jede weitere Bildung abseits des Berufs fällt in den Bereich »Hobby«.

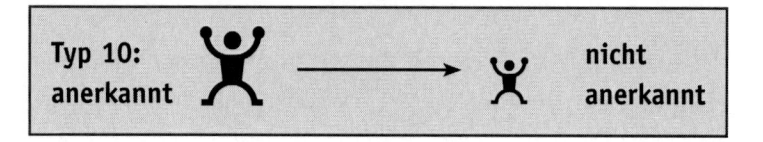

| Typ 10: anerkannt | → | nicht anerkannt |

Sigmund W. (21) ist Autoverkäufer und in seinem Beruf recht erfolgreich. Er weiß Menschen zu »nehmen«. Es macht ihm Freude, sich mit ihnen zu unterhalten und sie beim Kauf ihres nächsten Wagens – neu oder gebraucht – zu beraten.

Eines kann ihm allerdings die gute Laune augenblicklich verderben: wenn er das Gefühl hat, sein Gesprächspartner würde ihn nicht ernst nehmen. »Doch nur so ein Autoverkäufer« – dieses Etikett verabscheut er!

Sicher, er hat gelesen, wie man mit derlei Dingen fertig wird: Man braucht sich ja nur klar zu machen, dass dies eben die Meinung eines anderen Menschen sei und nicht die eigene ...

Mit seinem Verstand hat er das alles auch begriffen – aber das Gefühl der Kränkung bleibt nach wie vor bestehen. Dazu kommt noch, dass seine Freunde oft über ihn und seinen Beruf witzeln.
Und so kann es leicht sein, dass er sich bei Kunden mit anerkannten Berufen wie z. B. Ärzten, Rechtsanwälten oder Professoren einfach unterlegen fühlt.

Erst wenn Sigmund W. seinem Unterbewusstsein klar macht, dass er nicht von allen Mitmenschen immer nur Anerkennung erfahren kann und dass eben auch ein gewisser Prozentsatz von Ablehnung zum Leben gehört, wird sich dieses Problem für ihn in nichts auflösen.

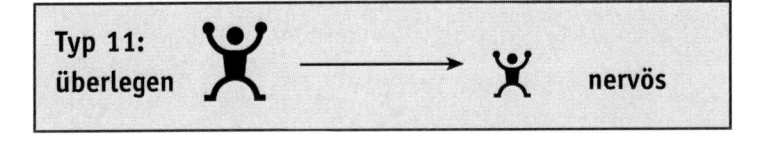

| Typ 11: überlegen | ⟶ | nervös |

Boris G. (38) ist selbständiger Handelsvertreter und vertreibt bekannte und teure Markenstaubsauger »an der Haustür«. Seine Produkte gelten als zuverlässig; relativ teuer, aber für eine extrem lange Lebensdauer konstruiert, konnten sie sich in vielen Haushalten ihre Anhänger schaffen.

Mit einem Wort: Sigmund W. vertritt ein Spitzenprodukt, das europaweit einen guten Ruf genießt. Dementsprechend souverän und selbstsicher präsentiert er in der Regel auch seine Geräte. Alle Einzelheiten über technische Daten, Preise und erhältliches Zubehör hat er längst im Kopf, somit kann er auf jede Frage sofort antworten und jedem Einwand routiniert begegnen.

Egal, ob daraus am Ende ein Abschluss wird oder nicht – Sigmund W. präsentiert sein Produkt stets mit der gebotenen Ruhe und Gelassenheit, die Präsentationen laufen in angenehmer und harmonischer Stimmung ab.

Aber dabei gibt es eine Ausnahme: Ein bestimmter Typ von Kunde kann ihn sehr wohl nervös machen. Es ist der Typ des selbstsicheren und überlegenen Kunden, der die ganze Zeit über nicht das Gerät, sondern ihn beobachtet und bei dem er das Gefühl bekommt, er könnte ohnehin vorbringen, was er wolle – aber nichts davon werde ernst genommen. Sigmund W. wird dann oft etwas nervös und kann hin und wieder sogar ins Schwitzen geraten.

Der Hintergrund: Sigmund W. fühlt sich nicht so frei und selbstbestimmt wie genau jener Typ, der meist freiberuflich arbeitet.

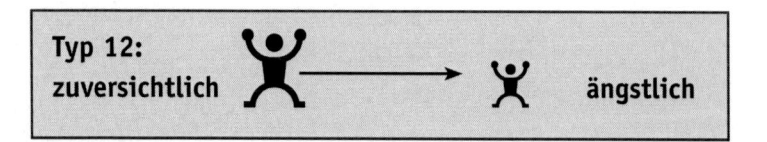

Typ 12: zuversichtlich → ängstlich

Verkauf den FISH!

Georg K. (42) ist für die Kundenbetreuung einer großen Versicherung verantwortlich. Mit seiner objektiven Beratung hat er sich bei seinen Stammkunden einen guten Namen gemacht und auch wenn er sie nach einigen Jahren wieder besucht, um ihnen beispielsweise ein Nachfolgeprodukt anzubieten oder eine Aktualisierung oder Erweiterung des bestehenden Versicherungsschutzes vorzuschlagen, kommt er in der Regel nur selten mit leeren Händen zurück.

Umso seltsamer, dass diese Bilanz ausgerechnet bei Neukunden manchmal ganz anders aussieht. Bei bestimmten Kunden bekommt er einfach »kein Bein auf den Boden«. Dabei beherrscht er alle einschlägigen Verkaufstechniken im Schlaf und hat auch bei den dafür angebotenen Seminaren immer gut aufgepasst.

Die Ursache für sein Problem ist sein latenter Mangel an Zuversicht. Er geht zu einem neuen Kunden oft mit dem Gefühl »Das kann nicht gut gehen!« im Magen – der klassische Beginn einer »selbst erfüllenden Prophezeiung« also. Und weil er selbst seinem Unterbewusstsein diese Richtlinie vorgibt, tut dieses Unterbewusstsein auch alles dazu, um das vorausgesagte (oder besser: befürchtete) Ergebnis auch wirklich eintreten zu lassen. Seine Gestik, seine Mimik, die Witzchen, die er dazu bringt – alles wirkt dann bloß ein wenig unpassend, verkrampft und aufgesetzt. Nicht wirklich auffällig, aber gerade wirksam genug, um den Geschäftsabschluss wirkungsvoll zu vereiteln.

Natürlich ist auch hier ein tiefsitzender Glaubenssatz der wahre Übeltäter und mit Methoden wie z. B. Mentaltraining kann auch er in eine hilfreichere Formulierung umgewandelt werden.

Auf gleicher Ebene?

Fazit: Mit einem unnatürlich stolzen Menschen beispielsweise ist kein Gespräch »auf gleicher Ebene« möglich und ebenso mit einem Menschen, der uns ständig seine »geistige Überlegenheit« spüren lässt.

Noch dazu kommt als »der Weisheit letzter Schluss« aus allen diesen Beispielen: Sobald wir selbst auf einer dieser zwölf »Ebenen« ein Defizit haben, werden wir selbst genau dort überempfindlich werden. Wir sind dann gerne bereit, das völlig normale Verhalten des »Anderen« – je nachdem, wo unser Defizit liegt – als »überheblich«, als »stolz« oder als »angeberisch« zu interpretieren. Und bei diesen zwölf Möglichkeiten findet fast jeder Mensch auf die eine oder andere Weise seine »Problemzone«.

Sobald wir auf diesen Punkt angesprochen werden, verwandeln wir uns auch schon in brave Erfüllungsgehilfen: Wir unterstützen den »Anderen« auch noch in seinem Vorteil! Ein Gehemmter fühlt sich schwach – und erlebt den »Anderen«

prompt als stärker. Damit wird ihm der »Andere« zugleich auch unsympathisch und nach einer Weile bäumt sich der Schwächere auf. Er wird zum »rebellischen Kind«, das »endlich einmal zurückschlagen« will.

Interessanterweise ist der Stärkere dann oft überrascht, denn er hat in vielen Fällen diese Rolle unbewusst eingenommen; er hat nie beabsichtigt, den »Anderen« in seine Schranken zu weisen.

Was Sie als Verkäufer wissen müssen: Sie sollten sich bei einem Verkaufsgespräch weder in der einen noch in der anderen Position befinden. Sie sollten dem Kunden vielmehr möglichst neutral entgegentreten – und auf keinen Fall als »angepasstes Kind«.

Stattdessen sollten Sie als Verkaufspersönlichkeit sogar die kompensatorischen Rollen beherrschen, um derartige Polarisierungen sofort zu stoppen. Der Grund: Sollten Sie auf einen ausgeprägten Kompensator stoßen, ist es immer die beste Möglichkeit, ihm dieses Verhalten sofort abzugewöhnen – und das geht am einfachsten, indem man dieses Verhalten spiegelt: Nach dem Motto »Wie man in den Wald hineinruft, so schallt es zurück« bekommt er dabei von Ihnen die gleichen Signale, die er selbst aussendet, prompt zurück.

Erleben Sie ihn stärker, als Sie sind, so müssen Sie sofort stärker werden, denn das imponiert ihm. Und erleben Sie ihn schwächer, so bauen Sie ihn auf, das motiviert ihn.

Verkauf den FISH!

Sie brauchen in einem effizienten Verkaufsprozess gleiche Ebene. Bei jeder anderen Rolle können Sie über Ihr Produkt reden, was Sie wollen, es wird nicht ankommen.

Die erwachsene Form hat mit dem Alter eines Menschen nichts zu tun. Der Erwachsene sammelt objektiv Informationen, ist anpassungsfähig und intelligent und trifft sachliche Entscheidungen. Typisch für einen Erwachsenen ist auch, dass er Fragen stellt. Wer fragt, der führt!
- Was müsste sein, dass ...?
- Was brauchen Sie noch, um ...?
- Was kann ich noch tun, dass ...?
- Welche Wünsche haben Sie noch? Usw.

Der Erwachsene hat auch das Spielchen zwischen Gehemmtem und Kompensator durchschaut und versucht darüber hinauszuwachsen. Er erarbeitet sich seine Unabhängigkeit gemäß dem Eisbergmodell (z. B. mit Hilfe von Mentaltraining, Emotionaltraining, EFT, NLP) und wird so zu einer gefestigten Persönlichkeit, die in sich ruht.

Es gilt also zuerst herauszufinden, wo Ihr spezielles Problem liegt. Ein Mensch der denkt:

- Ich bin schwach, der fühlt sich auch schwach
- Ich bin wertlos, der fühlt sich auch wertlos.
- Ich bin dumm, der fühlt sich auch dumm.
- Ich bin launisch, der fühlt sich auch ungeborgen.

- Ich bin weniger selbstbewusst, der fühlt sich auch nicht selbstbewusst.
- Ich bin nicht nützlich, der fühlt sich auch nicht nützlich.
- Ich werde nicht geliebt, der fühlt sich auch ungeliebt.
- Ich habe keine Macht, der fühlt sich auch ohnmächtig.
- Ich bin ungebildet, der fühlt sich auch ungebildet.
- Ich werde nicht anerkannt, der fühlt sich auch nicht anerkannt.
- Ich bin unfrei, der fühlt sich auch unfrei.
- Ich bin ängstlich, der spürt auch Angst.

Er ist im Hamsterrad denken - fühlen - denken - fühlen. Die Änderung unseres Denkens ist daher der erste Schritt. Unsere Gehirnzellen dazu zu zwingen, etwas Neues abzufeuern. Die eingefahrenen Schaltkreise verändern. Die richtigen Bestätigungen von Außen helfen uns dabei, um zum Beispiel von einer schwachen auf eine starke Position zu kommen. Durch neue Gefühle der Stärke integrieren wir das Neue. Emotionaltraining ist daher die Möglichkeit die Energie der Stärke zu halten. Dafür haben wir eigens die Kiening Gefühlsmeditation entwickelt.

Energie folgt der Aufmerksamkeit!

Um unsere eingefahrenen Schaltkreise im Gehirn zu verändern, brauchen wir die richtigen Affirmationen. Und die sind je nach Ur-Motiv-Kombination unterschiedlich. Viele Menschen arbeiten mit Affirmationen, die nichts mit ihnen zu tun haben. Folglich können sie auch nicht den gewünschten

Verkauf den FISH!

Erfolg bringen. Wichtiger ist es in sein erwachsenes Potential zu kommen, und aus den Oben/Unten-Spielchen auszusteigen. Das erreichen Sie in dem Sie herausfinden wo Ihr Thema liegt, und durch die individuelle Affirmation in Ihre Energie kommen.

Die zwölf verschiedenen Motivationen sind also auch auf erwachsener Ebene gültig. Hier zeigen sie sich allerdings in ihrer positiven Form, wie ein reifer und erwachsener Mensch sie aufweist.

Und diese Eigenschaften besitzt ein Erwachsener[4]:

Typ 1: Fühlt sich stark und vital
Typ 2: Ist wertvoll
Typ 3: Kann alles verstehen, wenn er will
Typ 4: Hat ein Identitätsgefühl
Typ 5: Ist selbstbewusst
Typ 6: Fühlt sich nützlich
Typ 7: Fühlt sich schön und geliebt
Typ 8: Hat Macht über sich selbst
Typ 9: Fühlt sich ausreichend gebildet
Typ 10: Hat ein Verantwortungsgefühl
Typ 11: Hat das Gefühl, frei zu sein
Typ 12: Hat Vertrauen

Die Kommunikation und Begegnung zwischen zwei Erwachsenen läuft demgemäß auch störungsfrei und sachlich.

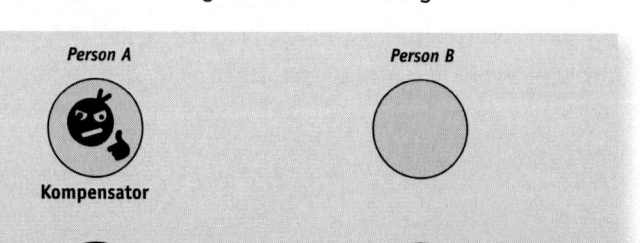

Beim gehemmten Menschen (»Kind«) gibt es noch eine dritte Möglichkeit neben dem »angepassten« und dem »rebellischen Kind«: das »spielende Kind«.

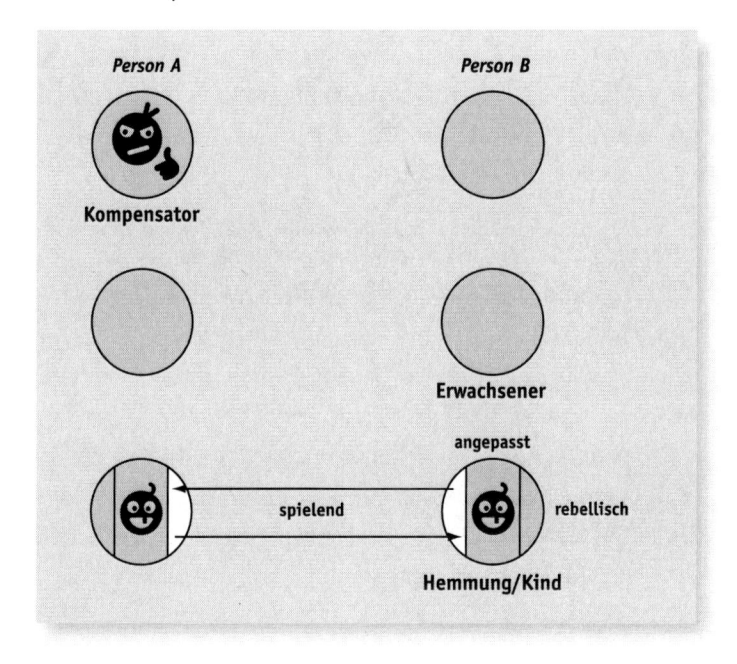

Person A — Kompensator

Person B — Erwachsener

spielend / angepasst / rebellisch

Hemmung/Kind

Das »spielende Kind« handelt frei von Normen und Geboten. Es hat Spaß beim Handeln und es werden alle Gefühle und Impulse frei geäußert. In diesem Stadium können sich die Freude und die Lust am Leben richtig frei entfalten. Auch zwei »spielende Kinder« können sich auf einer konstruktiven Ebene unterhalten.

Dies ist das Stadium der freien Kreativität. Wenn zwei Erwachsene miteinander spielen, heißt das nicht, dass sie unreif oder kindisch sind. Es geht nur alles viel leichter von der Hand. Viele Menschen in der Arbeitswelt nehmen sich viel zu ernst. Das vergällt ihnen die Freude und den Spaß.

Leider wurde uns dieses »spielende Kind« völlig aberzogen. Daher tauen viele Menschen erst auf, wenn sie Alkohol trinken. Dann erst werden sie frei von Hemmungen und können wieder lachen wie ein Kind.

Betrachten Sie einmal Kinderlachen genauer. Es ist völlig unvoreingenommen, offen und spontan. Welcher Erwachsene kann das noch?

Dieses offene Lachen haben wir Erwachsenen in der Regel längst verlernt. Ein fröhlicher Mensch ist heute den meisten Menschen suspekt. Anstatt mit ihm guter Laune zu sein, ist er uns verdächtig. Deshalb fragen wir uns nur noch beklommen: Welche Drogen nimmt er?

Kennen Sie den Spruch »Ich freue mich wie ein kleines Kind«? Warum kann man sich nicht »wie ein Erwachsener« freuen? Einfach deshalb, weil die Freude eines kleinen Kindes völlig ungezwungen ist. Sie ist frei von Hemmungen und Einschränkungen.

Noch einmal: Arbeit muss Spaß machen! Denn Spaß bringt Erfolg und Erfolg macht Spaß.

Erfolg macht Spaß — **Spaß bringt Erfolg**

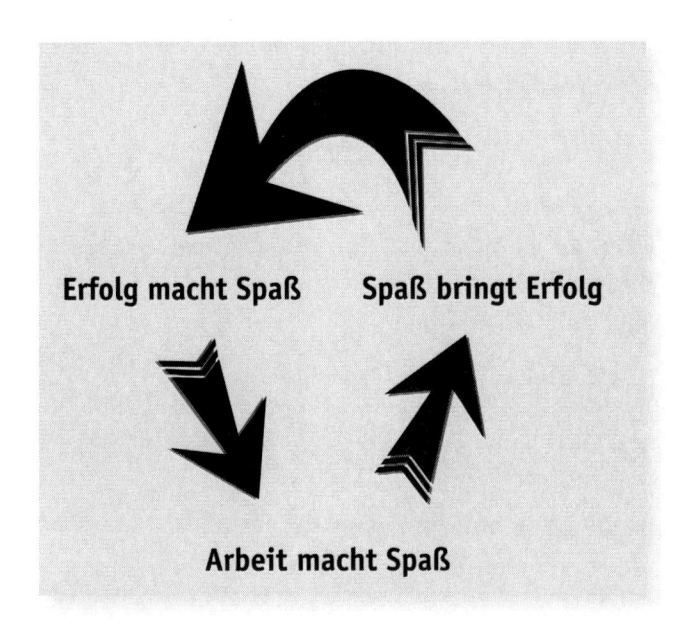

Arbeit macht Spaß

Und ein Trick dabei ist: Dieser Ansatz lässt sich am besten auf der Kindesebene umsetzen.

Ich habe einmal Planspiele für Manager trainiert und war fasziniert, welchen Spieltrieb hier erwachsene Menschen entwickeln können. Die Teilnehmer waren am Ende des Seminars immer begeistert. Und vor allem: Sie haben »spielend« eine Menge gelernt.

Ein spielerisch agierender Mensch hat Spaß bei der Arbeit; die Dinge gleiten locker von der Hand. Alles geht viel einfacher. Da wird auch viel mehr gelacht, die Stimmung ist besser und alle sind motiviert.

Verkauf den FISH!

Typische Aussagen eines Menschen im Status des »spielenden Kindes« sind beispielsweise:

- Lassen Sie uns doch mit den Möglichkeiten spielen.
- Es wäre doch gelacht, wenn wir das nicht schaffen.
- Es macht mir Spaß, mit dir zusammenzuarbeiten.
- Diese Aufgabe erfüllt mich mit Freude.
- Usw.

Grundsätzlich sollten Sie als Top-Verkäufer drei Rollen in diesem Spiel beherrschen:

- den Kompensator (er dominiert)
- die erwachsene Form (gleichberechtigt)
- das spielende Kind (freies Spiel)

Zumindest aber sollten Sie alle Formen beobachten und sie erkennen können; Sie müssen fähig sein, zu durchschauen, was hier abläuft.

Erlebnis Kauf

Der Verkauf wird in Zukunft wird mehr und mehr zum Promotiongeschäft. Mit anderen Worten: Die Konsumenten haben zwar durchaus Geld, aber es wird immer schwieriger, es ihnen herauszulocken.

Der Konsument ist heute aufgeklärter als früher, er ist vielfach weitaus besser informiert und hat teilweise die Mechanismen der Werbung begriffen – und er ist vor allem misstrauischer geworden. Zu oft hat er inzwischen ein Produkt gekauft, zu dem ihm weitaus mehr versprochen wurde, als das Ding dann gehalten hat.

Größer, schöner, besser

Die Versuche, den Konsumenten durch Marketing zum Kauf zu bewegen, fallen dementsprechend immer aufwendiger aus. Es werden riesige Erlebniswelten kreiert, bei denen das Produkt im Mittelpunkt steht, und es wird bei fast jedem Produkt auch kräftig am »Image« gebastelt. Andererseits strotzen die einzelnen Repräsentanten und Verkäufer vielfach nur so vor Langeweile. Gegen dies wird nach wie vor viel zu wenig unternommen.

Sie glauben das nicht? Überlegen Sie: An welchen Verkäufer erinnern Sie sich eher? An einen, der nur seine »Fachkompetenz« demonstriert hat, oder an einen, der Persönlichkeit ausgestrahlt hat und Sie zum Kauf richtig motiviert hat?

Denn so wichtig eine fachliche Kompetenz für einen Verkäufer auch sein mag: Über den Erfolg im Verkauf entscheidet nur zu 15 % diese Fachkompetenz. Viel wichtiger – genauer: zu 85 % für diesen Erfolg maßgebend – ist die soziale Kompetenz. Oder mit anderen Worten: Emotionen entscheiden letztendlich über Kauf und Nichtkauf.

»Eventmarketing« – das ist ein Modewort, das in den letzten fünfzehn Jahren auch bei uns Einzug gehalten hat. Waren Sie schon einmal auf so einem »Event«? Es ist unglaublich, was hier abgeht. Unsummen werden verpulvert, um den Kunden das »absolute Erlebnis« zu bescheren. Und dann folgt doch wieder der Alltag – das krasse Gegenteil.

Warum schaffen es heute nur die wenigsten, auch den Kauf selbst zu einem absoluten Erlebnis, zu einem »Event« zu machen? Den Kunden in eine absolut positive Stimmung zu bringen, sodass er sich über seinen Kauf so richtig freut. Dass er mehr bestellt, als er eigentlich braucht. Dass er es gar nicht erwarten kann, sein Produkt zu bekommen – wie Kinder, die auf den Weihnachtsmann mit seinen Geschenken warten.

Alles Mögliche wird eingesetzt. »Happy« Musik, angenehme Düfte, Lichteffekte – aber bei den Verkäufern ist doch alles wieder vorbei. Denn auf eines wurde gerade dabei wieder einmal vergessen:

■ Im Mittelpunkt steht der Verkäufer

Insbesondere in Märkten extremen Wettbewerbs und bei gleichartigen bzw. vergleichbaren Produkten können Sie sich nur durch die Repräsentanten Ihres Unternehmens bzw. Ihres Produktes oder Ihrer Marke hervorheben. Denn »Werbung« haben inzwischen längst alle Hersteller und Anbieter gelernt; da gibt es nichts Neues mehr und in der Werbung unterscheiden sich die Produkte auch kaum voneinander. Und auch das Produktdesign beherrschen selbst die billigsten Discounter schon seit Jahren.

Das Einzige, was somit heute noch zählt und was den »berühmten Unterschied« ausmacht, das ist also nicht die Ware, das ist nur mehr der Mensch!

Mit anderen Worten: Es kommt nicht darauf an, welches Produkt Sie verkaufen, es kommt einzig und allein darauf an, wer Sie sind bzw. wen Sie darstellen. Es kommt darauf an, welche Rolle Sie in der Kommunikation mit dem Kunden jeweils übernehmen. Stimmt diese Rolle, dann stimmt auch der Verkauf.

Allerdings – und das wird auch beim Beispiel des Pike Place Fish Market oft übersehen – müssen Sie sich nun nicht vor Ihren Kunden zum Kasper machen, um erfolgreich zu

Verkauf den FISH!

sein. Sollten Sie nun damit beginnen, beispielsweise mit Digitalkameras oder Notebooks herumzujonglieren, so wird das nicht unbedingt die erfolgreichste Idee werden, und es kann stattdessen durchaus sein, dass Ihr Abteilungsleiter oder Ihr Chef auf die Idee kommt, »diesen Verrückten« schnellstens zu feuern, bevor er zu viele von diesen teuren Dingern fallen lässt.

Aber trotzdem gilt: Wenn Sie ein Spitzenverkäufer werden wollen, müssen Sie »anders« sein als die »Anderen«. Sie müssen aus dem »Einheitsbrei« der vielen gesichtslosen und »gleichgeschalteten« Verkäufer herausstechen. Sie müssen auffallen – und was noch schwieriger ist: Sie müssen positiv auffallen!

»Anders sein« – wie macht man das?

Aber – und das ist wohl die größte Schwierigkeit dabei – Ihre »neue Rolle«, also die Funktion, die Sie verkörpern, die müssen Sie selbst erst einmal finden und weiterentwickeln!

Sicher – das Publikum will unterhalten sein. Das wissen die Verkäufer vom Pike Place Fish Market ebenso gut wie jeder erfolgreicher Jahrmarktshändler. Auch er bringt seinen »Wunderschäler«, seinen »Universal-Haushaltszerkleinerer«, seinen »Super-Gurkenhobel« (oder was auch immer) vor allem mit dem Unterhaltungsfaktor seines Vortrags an den Kunden. »Den Kerl musst du dir anhören, der ist gut!« –

Damit beginnt hier auch heute noch ein guter Teil seiner Verkaufserfolge.

Und diese Verkäufer auf den Jahrmärkten haben es ja noch weitaus schwieriger. Ihre Produkte können mit einem wichtigen Merkmal nicht aufwarten, mit dem Sie sehr wohl »glänzen« können: Sie vertreten in der Regel keine bekannte Marke, sondern nur ein namenloses Produkt. Trotzdem sind diese Hundertschaften der fliegenden Verkäufer mit ihren unzähligen namenlosen (und meist nicht einmal besonders hochwertigen) Produkten erstaunlich erfolgreich.

Um wie viel mehr können Sie erfolgreich sein, wenn Sie zu allen diesen Vorteilen, die auch diese fliegenden Händler nutzen – direkter Kontakt mit den Kunden, Unterhaltungswert, Originalität usw. – auch noch eine bekannte Marke anbieten können!

Bitte nur das Beste!

Der Kunde von heute ist vom allgegenwärtigen Werbemüll so überlastet, dass er oft nur noch »bei den Besten« kaufen will. Und diese »Besten« sind eben einfach »anders«.
Mit anderen Worten: Der Kunde kauft nicht mehr das Produkt, denn die Produkte sind heute oft kaum noch zu unterscheiden; eine Billig-Quarzuhr um dreißig Euro läuft heute ebenso genau wie eine um einige hundert Euro. Der Kunde sucht vielmehr Exklusivität, er sucht etwas Besonderes. Und so

Verkauf den FISH!

»kauft« er heute den Verkäufer. Er »kauft« Sie, wenn er Ihr Produkt kauft. Und darauf können Sie stolz sein!

> Produkte sind vergleichbar! Verkäufer nicht!

Wieder einmal zurück zum Pike Place Fish Market:

- Fisch – das »Produkt« – schmeckt überall gleich. Und hier werden die gleichen Arten verkauft wie in jedem anderen Fischgeschäft in Seattle. Ein recht einfaches und völlig austauschbares Produkt also.

Denn wenn Sie Fisch nach Hause bringen, dann macht es kaum einen Unterschied, ob Sie diesen beim Fischhändler um die Ecke erstanden haben oder anderswo – der Geschmack bleibt derselbe und alle Fische stammen aus demselben Meer (und vielleicht sogar vom gleichen Fang).

Aber – und das macht eben ihren Erfolg aus – die Verkäufer sind bei weitem nicht so »einfach«. Insbesondere die Verkäufer vom Pike Place Fish Market sind Persönlichkeiten, sie stechen wohltuend aus der Masse heraus. Und erst damit sind sie sind der Konkurrenz den einen großen Schritt voraus.

Lernen Sie also von den Fischverkäufern aus Seattle und werden Sie ein Top-Verkäufer! Werden auch Sie »so erfolgreich, dass Sie sich nicht mehr auskennen«!

Der Verkaufsvorgang

Wenn im Mittelpunkt des Verkaufsvorganges der Verkäufer steht, dann müssen Sie also vor allem »sich selbst« verkaufen können. Sie brauchen ein unverwechselbares Merkmal, ein »Markenzeichen«, an dem man Sie wiedererkennt und in Erinnerung behält.

Unsere Fischverkäufer wurden zur Attraktion, weil sie Fische durch die Luft werfen und mit ihnen jonglieren – der Markt der »fliegenden Fische«. Und ich kenne einen Flohmarkthändler, der sommers wie winters einen auffallenden ledernen Cowboyhut trägt. Auch er braucht kein besonderes Firmenschild und kein anderes Image mehr – für die Kunden ist er inzwischen schon »der Mann mit dem Cowboyhut«.

Versuchen Sie also, »eine Attraktion« zu werden. Entwickeln Sie eine außergewöhnliche Fähigkeit, mit der Sie den Kunden überraschen, ihn womöglich zum Lachen bringen und damit bei ihm Emotionen auslösen. Noch immer wird beim Kauf sehr häufig »über den Bauch« entschieden. Wo sich der Kunde wohl fühlt, dort bleibt er. Und wenn Sie dann im direkten Wettbewerb mit drei anderen Verkäufern stehen, wird der Kunde Ihnen den Vorzug geben, wenn er sich bei Ihnen wohl fühlt.

Beispiele:

Nehmen wir den Versicherungsverkauf als Beispiel: Hier kann der Kunde zwischen den unterschiedlichen Produkten kaum noch unterscheiden. Er hat bei weitem nicht Ihre Fachkompetenz. Der Dschungel der unterschiedlichen Angebote und Klauseln ist für ihn völlig undurchschaubar. Dennoch wird er mindestens drei Angebote einholen. Sie können sich also auch hier in der Regel nur über Ihre Persönlichkeit durchsetzen.

Das heißt: Sie müssen etwas haben, was andere nicht haben. Wie z. B. Fische werfen. Oder Sie bleiben auf der persönlichen Ebene: Sie brauchen mehr Charme, mehr Charisma, höhere Begeisterung, bessere Geschichten (»true stories«), stärkeres Selbstbewusstsein, höhere Expertenkompetenz usw. – einfach »die bessere Show«.

Oder ein anderes Beispiel: Sie sind im Direktvertrieb von Gesundheitsprodukten tätig. Auch hier will eine Vielzahl von Unternehmen das Geld des Kunden haben. Da müssen die Produkte noch nicht einmal in direkter Konkurrenz zueinander stehen, der Kunde hat nun einmal nur ein bestimmtes Budget für das Thema »Gesundheit und Wellness« übrig, und wenn er nicht bei Ihnen kauft, kauft er eben etwas anderes aus diesem Bereich.

Ich habe beispielsweise einmal orthopädische Schlafsysteme verkauft, was am Anfang nicht sehr gut gelaufen ist. Also habe ich mir überlegt, was ich verändern könnte. Zuerst habe ich mir angesehen, was die Besten machen, doch auch diese Tipps halfen mir nicht weiter. Dennoch gab mir ein Tipp den Anstoß für meine Entwicklung.

Eine Kollegin trumpfte als Physiotherapeutin bei den Kunden mit guten Ratschlägen auf und spielte mit den Schmerzen der Leute. Denn Kreuzschmerzen sind hierzulande Volkskrankheit Nummer eins. Was konnte ich also tun? Ich suchte im Internet nach einer Möglichkeit, mir so schnell wie möglich Fachwissen anzueignen. Dabei bin ich auf eine äußerst einfache Methode gestoßen, wie man Wirbel und Gelenke wieder einrenkt. Sofort habe ich mich zur Ausbildung angemeldet und bezeichnete mich danach als Wirbelsäulen- und Gelenkstherapeut. Damit konnte ich plötzlich viel mehr Menschen als Interessenten für meine Schlafsysteme gewinnen.

Und um das Ganze zu perfektionieren, habe ich mir noch eine zu meinem neuen Beruf passende Kleidung zugelegt. Und ich spielte meine Rolle perfekt. Jeden Abend richtete ich einem Gast die Wirbelsäule ein und verblüffte damit die anderen.

Und das Wichtigste dabei war: Die Leute kauften plötzlich. Damit stieg meine Begeisterung für den Job und ich wurde immer besser. Der Preis meiner Produkte spielte keine Rolle mehr und ich war in einer Spirale nach oben.

Verkauf den FISH!

Vor allem sprach sich in meinem Verkaufsgebiet herum, dass ich tolle Verkaufsveranstaltungen machte, und ich und mein Produkt, wir setzten uns durch.

Ebenso ist es auch bei langfristigen Investitionsgütern. Wenn Sie die Aufmerksamkeit Ihrer Kunden nicht permanent mit Ihrer Person, Ihren »Darbietungen« und Ihren Produkten fesseln, sind Sie nicht mehr »im Gespräch« und rutschen auf der Prioritätenliste Ihrer potenziellen Kunden sofort an eine Position unter »ferner liefen«. Dann wird vorher noch »in alles andere« investiert, bevor Sie – vielleicht – irgendwann doch noch an die Reihe kommen.

Die einzige Ausnahme dabei ist, wenn Sie in einem Markt tätig sind, der gerade »voll im Trend« liegt und mit großen Wachstumszahlen aufwarten kann. Dann ist es Ihre wichtigste Aufgabe, schnell zu sein. Denn um diesen erfolgversprechenden Kuchen bewirbt sich sicher auch eine ganze Menge anderer Verkäufer.

Doch – und darauf kommt es an – aus dieser Gruppe der Profis herausstechen können Sie jetzt nur mehr durch Ihre eigene Person. Ein bisschen schauspielern, ein bisschen Show etc. – das gibt dem Ganzen Ihre persönliche Note. Die Produktkompetenz setze ich dabei voraus; doch glauben Sie mir: Sie wird dabei meist im Hintergrund bleiben.

Wenn Sie also die drei Ebenen der Transaktionsanalyse (Kompensator, Erwachsener und spielendes Kind) beherrschen und noch dazu eine persönliche Attraktion entwickelt haben, anhand derer man Sie erkennt, dann läuft ein Verkaufsvorgang üblicherweise so ab:

Sich selbst verkaufen!

Beziehung aufbauen und Vertrauen schaffen

Bedarf wecken, Bedarf ermitteln

Einen Traum anbieten

Produkt vorstellen

USP verkaufen

Kaufsignale erkennen

Abschluss

Verkauf den FISH!

Beziehung aufbauen und Vertrauen schaffen

■ Fehler Nummer eins: Vorurteile

Wie Sie ja bereits wissen, leben wir in einem Netzwerk von Vorurteilen, Einschätzungen und Bewertungen. Und das kann eine Falle für unseren Erfolg werden!

Ein Top-Verkäufer darf sich auf keinen Fall Vorurteile und »blinde« Bewertungen erlauben. Bewerten Sie Ihre Kunden niemals aufgrund von Äußerlichkeiten wie Kleidung, Auto, Haus, Wohnungseinrichtung, Sprache, Nationalität oder anderen Statussymbolen! Sie kennen nicht das Bankkonto dieser Menschen und Sie kennen weder ihre Hintergründe noch ihre Motive. Vor allem aber kann sich eine wirtschaftlich schlechte Situation eines Kunden sehr rasch ändern – und dann wird sich gerade dieser Kunde an Sie erinnern.

Folgender Ausspruch der mir persönlich tief in den Knochen steckt und nach dem ich immer handle ist hier sehr passend: Man trifft jeden Menschen zweimal: Am Weg nach oben, und am Weg nach unten. Sie wissen nie, ob Ihre Sekretärin nicht einmal Ihre Chefin sein kann. Sie wissen nie, ob das Unternehmen, das heute in Konkurs geht, nicht Morgen wieder höchst erfolgreich ist.

Verkauf den FISH!

Unterschätzen Sie niemals einen Menschen!

Was für Sie wichtig ist, muss es nicht für andere sein. Viele Menschen legen beispielsweise auf Äußerlichkeiten wie korrekte Kleidung keinen großen Wert. So ist es für viele Menschen, die in ihrem Beruf ständig im Anzug auftreten müssen, eine wahre Erholung, in ihrer Freizeit im »Räuberzivil« herumzulaufen, beispielsweise in Schlabberpullovern und bequemen Jeans. Und wir wissen, dass jene Jobs, zu denen man im Anzug antreten muss, nicht gerade schlecht bezahlt sind! Ihre Aufgabe ist es hier, den Kunden wahrzunehmen, wie er ist – und mit Ihrer ganzen Persönlichkeit »bei ihm« zu sein.

Top-Verkäufer werten nicht!

Wie oft ist es mir passiert, dass ein nach äußerlich unscheinbarer Kunde bei mir die besten und teuersten Produkte gekauft hat! So erinnere ich mich etwa an einen Kunden, der unsere Firma immer am Messestand besuchte. Er war schlampig angezogen, unrasiert, hatte schmutzige Fingernägel – kurz: Er legte offensichtlich überhaupt keinen Wert auf sein Äußeres. Mein Chef, in dessen geografisches Verkaufsgebiet er eigentlich gehörte, kümmerte sich deshalb auch nie um ihn. Er wertete ihn einfach ab aufgrund dieser Äußerlichkeiten mit der Begründung: »So ein Mensch hat ohnehin kein Geld!« Nachdem der Kunde uns ein paar Jahre hindurch regelmäßig auf dieser Messe besucht und sich dabei immer über das teuerste Modell informiert hatte, wurde ich neugierig und habe ihn einmal besucht. Ich war völlig überrascht, als ich bei seinem Haus ankam. Seine Ungepflegtheit war nur eine Marotte von ihm. Der angeblich »Arme« entpuppte sich als höchst erfolgreicher Unternehmer, der in weiterer Folge tatsächlich unsere teuerste (40.000 Euro) Maschine kaufte.

Ein Freund sein

In dem Wort Kundenfreundlichkeit steckt auch das Wort Freund. Behandeln Sie einen potenziellen Kunden also immer wie Ihren besten Freund. Nehmen Sie ihn wahr – durchaus auch mit allen seinen Schwächen, Fehlern und Hemmungen. Aber respektieren Sie ihn in jedem Fall!

Der Kunde darf nicht der König sein

Betrachten wir die Kunde-Verkäufer-Beziehung aus Sicht des Transaktionsmodells:

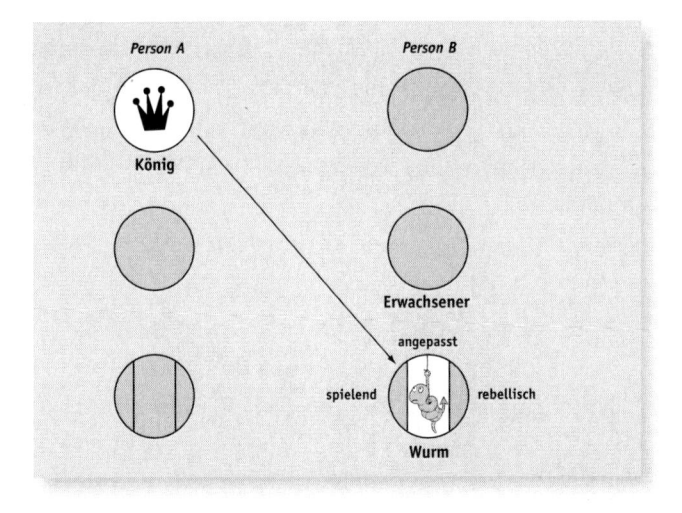

Wenn der Kunde der »König« ist, sind Sie in diesem Modell nur der »Wurm«. Und warum sollte sich ein König etwas von einem Wurm sagen lassen? Eine Beziehung zwischen einem König und einem Wurm ist nicht möglich – der König schafft an und der Wurm krümmt sich und folgt dem Befehl.

Natürlich können Sie in der Rolle des Wurms bleiben, doch eine echte Beziehung werden Sie damit nicht aufbauen können. Sie schaffen vielleicht einen Abschluss, doch ernst genommen werden Sie auf diese Weise mit Sicherheit nicht! Eine echte Beziehung ist nur zwischen zwei Erwachsenen oder zwischen zwei »spielenden Kindern« (nach TA) möglich, genauso wie Vertrauen nur auf gleicher Ebene laufen kann. Der Kunde braucht Sympathie, Solidarität, Freundlichkeit.

Sie müssen Ebenbürtigkeit erzeugen. Sie kommen erst zu einem Abschluss, wenn Sie eine gleiche Ebene herstellen können.

Was verhindert Ebenbürtigkeit?

Das Hindernis dafür ist Ungleichheit: Eine von zwei Personen hält sich für etwas Besseres oder (auch das gibt es!) etwas Schlechteres. Und hier haben wir wieder unsere Dualität, das »Gefälle« zwischen zwei Menschen:

Der eine fühlt sich:	–	*der andere fühlt sich:*
stärker	–	schwächer
mehr wert	–	minderwertig
intelligenter	–	dümmer
geborgen	–	weniger geborgen
stolz	–	weniger selbstbewusst

Verkauf den FISH!

pflichtbewusst	–	weniger pflichtbewusst
schöner	–	weniger schön
mächtiger	–	ohnmächtig
gebildet	–	ungebildet
anerkannt	–	nicht anerkannt
überlegen	–	nervös
zuversichtlich	–	ängstlich

Ihre Aufgabe ist es, auf die spezifische Situation einzugehen und aus der gegebenen Anfangssituation »gleiche Augenhöhe« zu erzeugen. Wenn Sie das Spiel durchschaut haben, dann tun Sie sich leichter im Aufbau einer wirklich konstruktiven Beziehung.

Einen Kompensator müssen Sie von seinem hohen Ross »herunterholen«, indem Sie sich erheben, und einen Gehemmten müssen Sie aufbauen, damit er auf Ihre Höhe kommt.

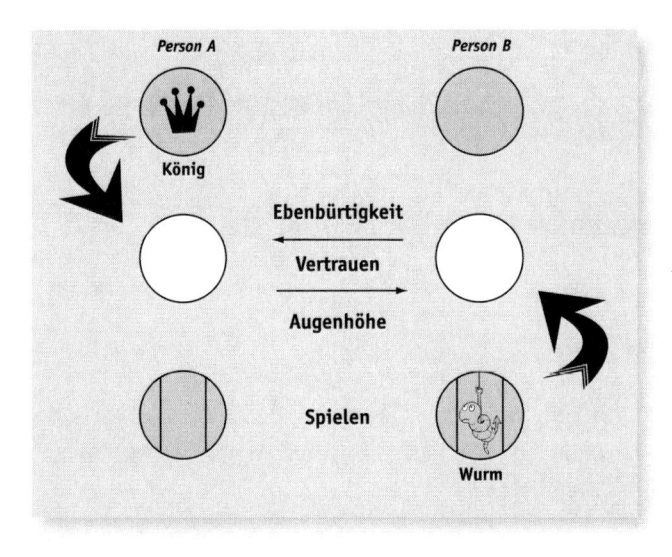

Beziehung aufbauen und Vertrauen schaffen

Am schlimmsten ist es, wenn Sie auf einen ausgeprägten Kompensator stoßen, der alles »besser weiß«, sich überlegen fühlt und glaubt, er kann mit Ihnen machen, was er will.

Wenn hier keine Ebenbürtigkeit möglich ist, ist auf jeden Fall Abgrenzen erlaubt. Etwas »nicht notwendig haben«. Man kann auf ein Geschäft verzichten, wenn man sonst seine Glaubwürdigkeit verliert.

Wir sind sicher höflich und freundlich, aber wir müssen nicht »auf unsere Kosten« nett sein.

Reden Sie den Kompensator direkt an, aber fragen Sie ihn wie ein Erwachsener:

- Was gibt Ihnen das Recht, sich überlegen zu fühlen?
- Woher nehmen Sie das Recht, alles besser zu wissen?
- Wieso glauben Sie, der Stärkere zu sein?
- Warum lassen Sie mich ihre Macht spüren?
- Wieso respektieren Sie mich nicht wie einen Partner?

Sympathie herstellen, Rapport herstellen

Finden Sie sich selbst sympathisch? Ich nehme an, die Antwort lautet: »Ja!«

Die meisten Menschen finden sich selbst sympathisch. Und sie gehen davon aus: Wer so ist wie sie selbst, der muss auch sympathisch sein.

Sympathie ist im Verkauf ein wesentlicher Faktor für das Vertrauen, das Sie herstellen müssen.

Um das zu erreichen, gibt es einige Methoden, mit denen Sie diesen Prozess abkürzen und schnell Sympathie aufbauen können.

Sympathie hat mit Ähnlichkeiten zu tun. Betrachten Sie diesbezüglich einmal Ihren privaten Freundeskreis. Die meisten Menschen haben Freunde und Bekannte mit ähnlichen Interessen und ähnlichen Vorlieben. Sie schließen sich in Vereinigungen zusammen, wo sie die gleichen Interessen pflegen und die gleichen Hobbys betreiben.

So ist es auch in der Wirtschaft. Versuchen Sie, die Interessen Ihrer Kunden herauszufinden und solidarisieren Sie sich mit ihnen. Interessieren Sie sich nur ein wenig für das Hobby Ihres Kunden – Sie werden sehen, wie sympathisch Sie für diese Menschen plötzlich wirken!

Sie können noch eine Stufe tiefer gehen, indem Sie weitere Ähnlichkeiten erzeugen – z. B. im Körperlichen, in der Sprache, in der Stimmung oder in den Repräsentationssystemen Ihres Gegenübers.

> ➔ Holen Sie Ihren Kunden dort ab, wo er gerade steht. Besuchen Sie ihn in seiner Welt!

Die Macht der Denkstrukturen

Beispielsweise betrifft dies die Denkstrukturen des Menschen. Etwa 80 % aller Menschen denken problemorientiert; sie suchen nicht nach einem neuen Vorteil, sondern sie wollen vor allem ein Problem loswerden. Die Richtung ihres Denkens geht also »weg von« etwas. Um solche Menschen »abzuholen«, muss ich aufzeigen, was sie alles durch mein Produkt vermeiden können, was sie sich also dadurch ersparen. Erst dann kann ich einen solchen Menschen weiterführen zur Lösung – und zum Abschluss.

Sollten Sie selbst allerdings lösungsorientiert denken, dann müssen Sie sich hier umstellen. Denn mit solch einem problemorientierten Menschen über Lösungen zu sprechen, ist sinnlos; auf diese Weise kann er Sie vorerst gar nicht verstehen.

Der Grund dafür: Nur etwa 20 % der Menschen denken lösungsorientiert. Sie denken »hin zu« etwas. Diesen Menschen können Sie z. B. aufzeigen, was sie durch Ihr Produkt alles erreichen können.

Zwei verschiedene Welten

Hier treffen tatsächlich zwei völlig unterschiedliche Welten aufeinander. Ein »Weg-von«-Mensch und ein »Hin-zu«-Mensch bewegen sich in völlig unterschiedlichen Realitäten. Und hier ist es als Top-Verkäufer wiederum Ihre Aufgabe, den

Verkauf den FISH!

»Anderen« in seiner Welt zu »besuchen« und ihn von dort »abzuholen«.

Daher werden die lösungsorientierten Denker von den restlichen 80 % der Menschheit nicht verstanden – mehr noch: Sie sind ihnen von Natur aus suspekt.

Das heißt jetzt nicht, dass Sie nicht lösungsorientiert denken dürfen, aber in der Kommunikation mit Ihren Kunden sollten Sie darauf Acht geben, dass Sie Ihren Kunden nicht mit einem Schwall von Begeisterung überfahren. Wenn Sie ihn allerdings dort abgeholt haben, wo er steht, können Sie ihn behutsam in ein positives Gefühl hineinführen (Emotionen), was Ihnen den Abschluss erleichtern wird.

⇨ Genau das macht unsere Fischverkäufer so erfolgreich. Sie führen ihre potenziellen Kunden in ein positives Gefühl. Durch ihre Späße und Albernheiten verbessern sie den Zustand ihrer Besucher.

Verkauf den FISH!

Magic Selling

Verkaufen wird schwieriger im Zuge der Individualisierung. Menschen sind nicht mehr so leicht zu verstehen, wenn sie nicht mehr einheitlich reagieren. Der Verkäufer der Zukunft braucht daher ein Werkzeug, wie er sein Gegenüber erkennt. Am Besten über emphatische Fähigkeiten. Sich in den Kunden einfühlen können, um herauszufinden wer ist er, was will er wirklich, und womit kann ich ihm dabei helfen.

Doch viele Verkäufer haben diese emphatischen Fähigkeiten noch nicht ausgebildet. Und daher brauchen wir noch ganz spezielle Fragen, um die Probleme, Wünsche und Kaufmotive zu erhören.

Doch was fragt man so – als Top-Verkäufer?
Welche Fragen haben die stärkste Wirkung?

Nachdem ich mich schon seit Jahren mit dem Thema Verkauf und seine Effizienz beschäftige, habe ich mich einmal auf die Suche nach wirkungsvollen Fragen gemacht. Dabei bin ich bei auf die Psychologie gestossen, und im weiteren auf die Kurztherapie nach Steve de Shazer.

Verkauf den FISH!

Die Innere Haltung

Magic Selling erfordert grundsätzlich eine ganz bestimmte innere Haltung, die am Anfang wohl gerade den professionellsten Verkäufern schwer fallen wird – nicht deswegen, weil sie etwas Neues lernen sollen, sondern im Gegenteil, sie müssen etwas Gewohntes für kurze Zeit »vergessen«, sie müssen ein bestimmtes, viele Male eingeübtes Denkmuster plötzlich bewusst aufgeben.

Genauer: Sie müssen zwar offen auf den Kunden zugehen, dürfen dabei aber nicht werten und sollten möglichst keine Vorurteile hegen.

Es geht in Gegenteil darum, wieder seine natürliche Neugierde zu entwickeln, wie denn dieser Kunde denkt, wonach er wirklich sucht, sowie nach der Schlüsselfrage: Was ist ihm wirklich wichtig?

Schummeln geht nicht!

Auch wenn wir uns in puncto Kommunikation für ausgefuchste Fachleute halten: Schummeln geht hier absolut nicht.
Der kürzlich verstorbene österreichische Psychologe Georg Waczlawik prägte den Satz: »Es ist dem Menschen nicht möglich, nicht zu kommunizieren!«. Auch wenn wir unsere Sprache und unseren Tonfall völlig unter Kontrolle haben, so bleibt immer noch eine ganze Reihe höchst verräterischer, nonverbaler Anzeichen, die jeden Versuch einer

Schauspielerei binnen Sekunden vereiteln. Das beginnt beim verräterischen Blickkontakt (wie lange, wohin?) über die Körperhaltung (vor- oder zurückgelehnt, dynamisch oder entspannt), unsere Bewegungen (aktiv oder unbeweglich) bis hin zur Ausrichtung unserer Füße (hier zeigt meist einer in jene Richtung dessen, was uns wirklich interessiert). Alle diese kleinen Verräter werden von uns bewusst kaum bemerkt – aber unser Unterbewusstsein registriert sie alle, und reagiert entsprechend (z. B.: Dieser Verkäufer gefällt mir nicht; oder dem bin ich ja eigentlich völlig egal).

Durch alle diese Ebenen der Kommunikation – verbal und nonverbal – spürt der Kunde sofort, ob uns sein Anliegen wirklich wichtig ist oder nicht. Um dabei Erfolg zu haben, müssen wir ihm das Gefühl geben, dass uns seine Absichten tatsächlich am Herzen liegen.

Das aber ist wohl die schwierigste Anfangsübung für viele von uns. Denn nun dürfen wir nicht mehr, wie wir es – vielleicht – gewohnt sind, unser Interesse »vortäuschen«, sonst verrät uns unsere Körpersprache sofort. Der einzig richtige Weg zum Erfolg ist hier: Es muss uns wirklich und wahrhaftig interessieren!

Ein kleiner Trick

Hier noch ein hilfreicher Tipp: Die Körpersprache verrät nichts über die Art und Weise unseres Interesses. Das heißt aber, dass uns der Kunde nicht unbedingt als Mensch (mit seinem gesamten Schicksal, seiner Verwandtschaft seinen Problemen, usw.) interessieren muss. Es reicht, wenn er uns als sachlicher Fall interessiert, als Problem, das sich uns stellt und das wir zu lösen haben. Es reicht, wenn wir uns fragen: »Na was für eine Typ bist Du eigentlich? Was ist denn Dein eigentliches Anliegen?«. Auch dies ist ein legitimes und sachliches Interesse – und deshalb spielt unsere Körpersprache auch bei dieser Art von (ehrlichem!) Interesse tadellos mit!

Der Kunde ist der Experte

Der große und wesentliche Unterschied zwischen Magic Selling und allen herkömmlichen Verkaufstechniken ist wohl der: Wir gehen beim Magic Selling grundsätzlich davon aus, dass nicht wir, sondern die Kunden die Kompetenz besitzen, herauszufinden, was sie wirklich wollen und brauchen – und sie wissen es, wie die Erfahrungen des Magic Selling zeigen, sogar viel präziser und umfassender, als es der beste Verkäufer von sich aus hinein interpretieren könnte.

Bisher filterte jeder Verkäufer alles, was ein Kunde sagt, durch seinen eigenen Bezugsrahmen. Er »übersetzte« dabei die Wünsche des Kunden in seine eigene Begriffswelt. Wenn der Kunde also sagt: »ein gutes Gerät« so übersetzt er dies in: »ein dauerhaftes und solides Marken-Gerät, meist in der gehobenen Preisklasse, keine Ramsch-Marken«, usw.

Dieser »Bezugsrahmen« wird geprägt durch unsere Erfahrungen und unsere Überzeugungen. Es ist eine hohe Kunst, diesen Rahmen auszuschalten und mit echter Neugierde den Bezugsrahmen (Wertehaltung, Normen, Glaubenssätze) des Kunden zu erforschen. Denn damit bauen sie automatisch Vertrauen auf und der Kunde fühlt sich wirklich verstanden – er baut augenblicklich seine Barrieren ab.

Also hören Sie einfach ganz genau zu, was dem Kunden besonders wichtig ist. Dadurch bekommen Sie eine Vorstellung, was er schätzt, wie er sich selbst sieht und was er eigentlich erreichen möchte.

Dazu bedarf es auch der »respektvollen und bewertungsfreien Kommunikation«. Haben viele Verkäufer inzwischen gelernt, nicht mehr über die Mitbewerber herzuziehen, so wird es in Zukunft auch notwendig sein, wertfrei gegenüber unseren Gesprächspartnern zu kommunizieren. Währenddessen baut das Unterbewusstsein des Kunden das nötige Vertrauen auf.

Respekt

Alle Menschen spüren stets, ob sie respektiert werden oder nicht. Und vor allem: Jeder Ihrer Kunden spürt es.
Durch Ihre Sprache, Ihre Körperhaltung, Ihren Augenkontakt usw. erkennen Menschen, ob Sie sie achten. Durch Ihren Blick verraten Sie ihnen, ob Sie urteilen oder werten. Durch ihre Gestik zeigen Sie Offenheit oder Verschlossenheit.

Beachten Sie deshalb folgende natürliche Regel für den erwachsenen Umgang miteinander:

Verkauf den FISH!

Zeigen Sie *Respekt*
- vor der Wirklichkeit jedes Einzelnen
- im Geben und Nehmen
- vor dem Älteren
- vor der Kompetenz
- vor dem Höheren.

Nicht werten

Wenn Sie sich die Geschichte des Kunden anhören, dann vermeiden Sie es unbedingt, sie zu bewerten. Denn das stört Sie beim Zuhören. Insbesondere deswegen, weil Sie dabei dem Kunden nicht mehr zuhören. Sie lassen statt dessen ihre Gedanken wandern und denken vielleicht »Das ist ein ähnlicher Typ wie der komische Kauz vorige Woche. Der drückte sich auch so umständlich aus und dann wollte er bloß ein paar aufladbare Batterien haben...« – und schon haben Sie die beiden letzten Sätze dieses Kunden verpasst, weil Sie an etwas anderes gedacht haben. Sie haben gewertet!

Weiters spürt das Unterbewusstsein des Anderen, durch eine wertende Kommunikation, dass Sie ihn nicht respektieren, und wird automatisch eine Gegenposition einnehmen.

Wer ist der Experte?

Aber das Bewerten birgt noch eine viel gefährlichere Falle in sich, die ihre gesamte Bemühung zerstören kann. Denn Sie sind – zu recht – gewohnt, in ihrem Bereich als »Experte« zu gelten. Nicht nur im Beruf, sondern auch im privaten Umkreis werden Sie regelmäßig zu diesem Thema befragt, vielleicht sogar allzu oft. Und natürlich haben Sie Ihr Fachwissen und Ihre Erfahrung, auf die Sie bei solchen Fragen gerne zurückgreifen. Aber eine Rolle ist dabei immer festgelegt: Sie sind der Experte, und die anderen sind die Fragesteller. Punkt.

Und genau diese Rolle des Experten müssen Sie nun für einige Minuten völlig aufgeben!

Das Vergessen der Experten-Rolle (nur für einige Minuten) ist ein ganz wesentlicher, unverzichtbarer Teil von Magic Selling.

Sie werden Ihre Experten-Rolle im weiteren Verlauf des Kundengespräches wieder einnehmen dürfen – wenn es um die Lösungen geht. Doch zuvor reden wir über die Probleme des Kunden. Denn erst wenn wir diese wirklich erfasst haben, können wir über Lösungen reden – und dafür sind dann Sie wiederum der Experte. Seine eigenen Probleme dagegen kann uns nur der Kunde selbst darlegen.

Es ist natürlich nicht notwendig, dem Kunden gegenüber von »Problemen« zu sprechen, er würde dadurch vielleicht verschreckt; schließlich klingt dies schon fast nach einer Untersuchung beim Psychiater. Aber trotzdem müssen wir als erstes herausfinden, was der Kunde in dieser Ware eigentlich sieht. Erst dann können wir ihm wirklich ganz genau das für ihn passende Produkt verkaufen. Und dann wird er dieses Produkt auch gerne kaufen wollen.

Verkauf den FISH!

Ein Beispiel

Zur Illustration ein kurzes (typisches) Beispiel: Eine gut aussehende Armbanduhr, die ausreichend genau geht, kann man heute schon um dreißig Euro oder weniger kaufen.
Weshalb also kaufen manche Menschen eine Uhr, die einige hundert oder gar einige tausend Euro kostet?
Ganz einfach: wegen dem, was sie in dieser Uhr sehen.
Wollte ich etwa den Eindruck erwecken, ich hätte »Geld wie Heu«, so könnte ich mir eventuell eine Rolex kaufen (und vielleicht noch einen amerikanischen Luxus-Oldtimer).
Wollte ich mich als solider Finanz-Broker und Hobbyflieger darstellen, so wäre mein persönlicher Favorit eine Breitling (und dazu ein Bentley oder ein Maybach).

Und trüge ich einen der nahezu unzerstörbaren Taucher-Chronographen der Navy Seals, dann wollte ich mich wahrscheinlich als erfolgreicher, harter und potenter Macher-Typ präsentieren – und hätte in der Garage vielleicht einen Hummer stehen oder zumindest einen großvolumigen SUV. Und so weiter.

Mit einem Wort: Hinter fast allen Produkten steckt neben der Grundfunktion (z.B. die Zeit anzuzeigen) noch eine zweite Funktion, die wir über eine Frage definieren können: die Frage nach der Rolle, in der sich der Käufer sieht.

Und nichts anderes als diese Rolle(n) gilt es zu erfahren. Genau das ist unser Ziel.

Nicht (ver-)urteilen

Ein großer Fehler ist es dabei auch, einen Menschen aufgrund seines Aussehens, seiner Kleidung usw. zu beurteilen und in eine Schublade zu stecken. Sie kennen seine Hintergründe nicht. Und vor allem kennen Sie nicht sein Bankkonto. Sie wissen nicht, ob er immer in so abgerissenen und verdreckten Jeans herumläuft, oder ob er gerade seine Luxusjacht eigenhändig abgeschliffen (oder den Keller seine Villa eigenhändig ausgeräumt) hat – vielleicht nur als aktive und sportliche Abwechslung zu seinem sitzenden Bürojob.

Und noch ein Denkfehler wäre uns dabei passiert: Wenn jemand sich in der Rolle eines Menschen sieht, der eben so eine teure Uhr (oder was auch immer) trägt, dann wird er sich diese Uhr irgendwann auch leisten – auch wenn er in einer kleinen Gemeindewohnung lebt, nur durchschnittlich verdient und dafür jahrelang sparen muss. Er wird eben darauf sparen – wie ein anderer auf eine Traumreise, auf seinen Traumwagen oder auf ein Eigenheim. Denn dann ist die Erfüllung dieser Rolle sein ganz großer Wunsch.

Keine Schnellschuss-Lösungen!

Als Magic Seller treten Sie einem Kunden in dieser ersten Phase immer mit der Haltung des interessierten Nicht-Wissens entgegen. Das heißt: Sie stellen ihren eigenen Bezugsrahmen zur Seite, und konzentrieren sich voll auf den Bezugsrahmen des Kunden.

Diese Haltung des »Nicht-Wissens« ist sehr schwierig und erfordert einiges an Training. Aber sie bringt einen großen, entscheidenden Vorteil: jetzt wird es ihnen möglich sein, jedem Kunden wirklich die ganze Zeit über genau zuzuhören. Dabei können Sie gerne die Stichworte notieren, mit denen der Kunde seine Wünsche beschreibt. Dadurch erkennen Sie seine Motive und seinen Bezugsrahmen, in dem er sich geistig bewegt.

Begeisterung

Produkte sind vergleichbar, emotional begeisterte Verkäufer nicht!
Selbst wenn Sie Magic Selling anwenden, brauchen Sie ein gewisses Maß an Begeisterung für Ihre Produkte (und für Ihre Kunden). Das heißt: Sie sollten immer ein Mindestmaß an guter Laune haben. Das erfordert permanent Eigenmotivation und auch Fremdmotivation.

Die Motivation des Kunden zu stärken, bedeutet aber nicht, den Widerstand des Kunden zu brechen. Es ist kein Kampf, sondern vielmehr heißt es, den Kunden zur lösungsorientierten Konversation einzuladen.

Natürliche Empathie

»Urteile nie über einen anderen, bevor Du nicht einen Mond lang in seinen Mokassins gegangen bist«, sagt eine indianische Weisheit.

Sie erfahren durch ein emphatisches und offenes Gespräch, wie dieser Kunde denkt, handelt und fühlt – und auch, in welcher Rolle er sich als Besitzer eines solchen Produkts sieht. Damit können wir den Bezugsrahmen (WertEhaltung, Normen, Glaubenssätze) des Kunden verstehen.

Das heißt vielleicht auch, man muss die Geschichte dieses Kunden fühlen können und sich von ihr bewegen lassen. Das heißt vielleicht sogar, die Dinge mit dem Herzen verstehen. Dazu sind auch empathische Aussagen notwendig.

Aber all dies lohnt sich, denn Forschungsergebnisse bestätigen, dass Empathie im direkten Zusammenhang mit der Beziehungs- und Beratungszufriedenheit des Kunden steht. Wissendes Nicken, Paraphrasierungen (siehe unten), Zusammenfassen, respektvolles Schweigen, richtiger Tonfall usw. – das sind alles Möglichkeiten, dem Kunden Empathie und Verständnis zu signalisieren.

»Empowerment follows diction«
(Handlungsfähigkeit folgt dem Sprachmuster)

Das bedeutet, dass jemand nur dann zielgerichtet kaufen kann, wenn er in Lösungen denkt und auch spricht.

Doch so weit sind wir jetzt noch nicht. Wir haben erst den ersten Teil der Strecke hinter uns, indem wir die Rolle des Kunden ausgeforscht haben – jene Rolle, in der er sich beim Besitzen dieses Produktes sieht.

Ihre Aufgabe im Magic Selling ist es daher Ihren Kunden soweit zu bringen, dass er Ihr Produkt als ideale Lösung für sein Problem erkennt und dies auch selbst zum Ausdruck bringt.
Sind Sie nicht in der Lage, einen Kunden von seinem Problemdenken zum Lösungsdenken zu führen, so wird er auch nicht kaufen; er wird nicht handeln können.

Lösungssprache

Lösungssprache dreht sich um das, was ein Kunde kaufen möchte, und welche Möglichkeiten bestehen, es auch zu tun. Viele Menschen sprechen vor allem in der Problemsprache, sie beteiligen sich allerdings auch gerne an der Lösungssprache – wenn sie sie dahin führen.
Dann wird das »Kaufen können« eine Frage der Wahrnehmung, die verstärkt wird, sobald ihre Kunden in der Lösungssprache sprechen.

Wenn Sie nun im zweiten Teil des Kundengespräches mit Kunden lösungsorientiert sprechen, so müssen Sie hart daran arbeiten, alles an Lösungssprache, was der Kunde ihnen bietet, anzunehmen und zu erweitern!

■ Normalisieren

Es gibt kein »perfektes Produkt«. Immer wieder treten Störungen auf, die den Kunden zwar verunsichern und emotional bewegen, die aber durchaus normal sind. »Normalisieren« ist dabei eine

Reaktion auf die Problemsprache. Man fragt sich gemeinsam mit dem Kunden, ob die aufgetretenen Probleme nicht ohnehin innerhalb der Bandbreite der üblichen Toleranz liegen. Eine Frage wäre zum Beispiel: Wie normal (oder ungewöhnlich) sind denn diese Schwierigkeiten?

Beim Magic Selling bauen wir darauf auf, dass der Kunde der Experte ist für alles, was er will. Wir konzentrieren uns vor allem auf seinen Bezugsrahmen, denn dadurch steigt seine Kauflust!

Ein ressourcevoller Zustand?

Sie kennen sicher Personen, die es schaffen, Sie innerhalb kürzester Zeit in einen positiven Zustand zu bringen. Dies kostet aber dieser anderen Person auf Dauer sehr viel Energie.

Als Verkäufer sollten Sie diese Fähigkeit haben, einen Kunden begeistern zu können. Dafür sind Sie dann jeden Abend abgespannt, müde und ausgepowert. Sie haben schließlich ihre Ressourcen den ganzen Tag über an die Kunden weitergegeben. Insbesondere wenn Sie sich ständig nur an den Problemen der Kunden orientieren, bauen Sie selbst Mauern auf, die Sie anschließend wieder einschlagen müssen.

Aber es gibt einen Ausweg: Konzentrieren Sie sich vor allem auf das Empowerment (Ermächtigung) und auf die Stärken der Kunden und überlassen Sie es den Kunden, sich selbst zu begeistern.

Verkauf den FISH!

Dies erfordert eine ganz spezielle Fragetechnik, die ich ihnen im Weiteren vorstellen werde. Dabei geht es um zwei nützliche Aktivitäten:
- um die Entwicklung eines wohl formulierten Kaufziels innerhalb des Bezugsrahmens des Kunden, und
- um die Entwicklung eines ressourcevollen Zustands, in dem der Kunde auch »ja« sagen kann und in dem er sich stark genug fühlt, um eine Kaufentscheidung zu treffen.

Beachten Sie:
- Jeder Mensch hat Stärken
- Die Motivation steigt durch Betonung dieser Stärken
- Jeder Mensch hat Ressourcen, auch wenn er es nicht zugibt.

■ Small Talk

Wie immer beginnt ein Verkaufsgespräch mit etwas Small Talk. Dabei versuchen wir auf jeden Fall, sofort eine Atmosphäre des Respekts und des Empowerment´s zu schaffen. Der Kunde soll sich respektiert und anerkannt fühlen. Typisch wären dafür beispielsweise persönliche Fragen:
Wie war ihr Tag? Wie geht's der Familie? usw.

Auch Anerkennungen oder Komplimente können Sie dabei einfließen lassen, beispielsweise mit positiven Worten zur Kleidung, zum Haus, zur Person usw.

Die Einstiegsfrage

Sie lautet ganz einfach: "Wobei darf/kann ich Ihnen helfen?« Sie geben mit dieser Frage dem Kunden die Möglichkeit, sein Problem zu beschreiben. Bei dem, was der Kunde uns antwortet, hören wir respektvoll zu – ohne zu werten, aber mit Neugierde, um den Bezugsrahmen des Kunden zu erforschen.

Welche Worte, welche Formulierungen verwendet er? Wenn Sie können, notieren Sie die Worte des Kunden.

Trotz offensichtlicher Ähnlichkeit mit anderen Verkaufsmethoden besteht ein gravierender Unterschied im Magic Selling. Wir vergeuden hier weder Zeit noch Anstrengung, sondern denken bereits nach, wie wir die Konversation zu einem Punkt führen können, wo wir nicht mehr über Probleme reden, sondern über Lösungen.

Drei Nein - Fragen

Unser Unterbewusstsein wurde durch unsere Erziehung und vor allem durch Märchen programmiert, dreimal Nein zu hören. Viele Märchen sind darauf aufgebaut, dass der Held drei schwere Aufgaben zu erledigen hat, bis er seine Belohnung erhält.

Damit wird klar, warum Kunden vorerst einmal auf Abwehrhaltung gehen. »Ich will nur mal schauen«, ist eine klassische Aussage dafür.

Als Magic Seller geben wir dem Kunden die Möglichkeit, drei Mal Nein zu sagen oder eine reservierte Antwort zu geben, mit einer abwartenden und gelassenen Haltung. Sie können still mitzählen und dann können wir die Magic Question stellen (siehe unten).

Oft ist es besser, Dinge ganz einfach zu überhören. Vor allem, wenn es ein Nein ist.

■ Aktives Zuhören

Formulieren Sie ihre nächste Frage aus der letzten oder früheren Antwort des Kunden. Sie arbeiten damit automatisch innerhalb des Bezugsrahmens dieses Kunden.
Sie brauchen so viele Details wie nur möglich; wer, was, wann, wo und wie Fragen. (Offene Fragen)
Benutzen Sie die Sprache des Kunden. Geben Sie seine Schlüsselworte wieder. Diese werden öfters wiederholt und sind (für ihn) vor allem emotional besetzt.
Sie müssen aber sowohl Inhalt als auch den Prozess der Kommunikation mit dem Kunden erfassen.

Paraphrasieren und Zusammenfassen

Paraphrasieren heißt zurückmelden von dem, was gerade gesagt wurde. Sie sind kürzer als Zusammenfassungen und unterbrechen den Kunden in seinem Gedankengang daher nicht. Sie zeigen ihm dadurch, dass Sie wirklich hören was er sagt. Und er kann korrigieren was Sie falsch verstanden haben.

Nonverbales Verhalten

Achten Sie auf das nonverbale Verhalten des Kunden, etwa Mimik, Gestik, Tonfall, Sprechgeschwindigkeit, Haltung oder Blickkontakt. – Und spiegeln Sie es!

Was hat der Kunde schon gesehen?

Um herauszufinden was der Kunde alles schon gesehen hat, stellt man einfach diese Frage: »Was haben Sie sich denn schon angesehen?« Sie vermitteln dadurch die Botschaft, dass Sie ihn für kompetent halten.

Magic Question

Nachdem Sie etwas Small Talk gehalten und durch Zusammenfassen und Spiegeln Vertrauen aufgebaut haben, können Sie die »Magic Question" stellen.
Wichtig ist nachfolgende Einleitung:
»Darf ich Ihnen eine ungewöhnliche Frage stellen?«
(Die meisten Kunden antworten auf diese »Magic Question" mit Ja.)
»Nehmen wir an, Sie bekommen Morgen das Produkt per Post oder Paketdienst zugestellt und Sie machen das Paket auf: Woran würden Sie erkennen, dass das Produkt genau das richtige für Sie ist?«

Damit geben Sie dem Kunden die Möglichkeit, sich vorzustellen, wie es sein wird, wenn er das Produkt in Händen hält. Sie stärken damit seine Begeisterung und Motivation. Außerdem kommt er von einer vagen Vorstellung zu einem präziseren Bild von dem Produkt, das er möchte.

Das heißt: Wir erarbeiten zuerst eine Vorstellung davon, was der Kunde haben möchte, um danach dazu überzugehen, diese Vorstellung Wirklichkeit werden zu lassen.

Um zu einer noch detaillierteren Vorstellung zu kommen, fragen Sie nach:

»Was noch?« – und immer wieder die Magic Question (»*Darf ich Ihnen eine außergewöhnliche Frage stellen?*« ...).
Weitere zukunftsorientierte Formulierungen wie »Was wäre anders?« und »Was werden die Zeichen sein, dass Sie restlos zufrieden sind?« bzw. »Woran werden es die anderen erkennen?«.

Dadurch denkt der Kunde zukunftsorientiert und spricht lösungsorientiert! Er konstruiert einen hypothetischen Lösungszustand. Außerdem beschreibt er etwas für ihn Positives.

Vor allem das Argument »Ich muss noch darüber schlafen" fällt weg, da er sich den morgigen Ist-Zustand bereits jetzt vorstellt.

■ Kaufmotiv erhören

Indem Sie dem Kunden genau zuhören, erfahren Sie sein Kaufmotiv.

Die 12 Kaufmotive

Typ 1   Impulskäufer: Kauft aus einem inneren Impuls, und will sich durchsetzen
Typ 2   Qualitätskäufer: Der Kunde fühlt sich wertvoller, Prestige als Motiv
Typ 3   Neugierdskäufer: Neugier muss geweckt werden, braucht neueste Informationen
Typ 4   Versorgungskäufer: Kauft, weil er andere versorgen will
Typ 5   Statuskäufer: Kauft, um angeben zu können, um dabei zu sein
Typ 6   Nutzenkäufer: Kauft den Nutzen eines Produktes, sehr sachlich
Typ 7   Designkäufer: Kauft vor allem schöne Dinge, anfällig für schöne Werbung
Typ 8   Ideenkäufer: Kauft die Idee
Typ 9   Enthusiasmuskäufer: Kauft die Begeisterung
Typ 10 Verantwortungskäufer: Kauft aus Verantwortung
Typ 11 Spontankäufer: Kauft immer das Neueste, will außergewöhnlich sein
Typ 12 Mitleidskäufer: Kauft aus Mitleid, Mitleidsmasche

■ Komplimentieren

Wenn Sie dem Kunden richtig zuhören, dann kennen Sie nun seinen Bezugsrahmen. Sie wissen in welcher Welt er sich bewegt. Um ihn in einen ressourcevollen Zustand zu bringen, komplimentieren Sie – so viel Sie können.

Jeder Mensch will gesehen werden! Hier geht es nicht darum, einfach nur nett zu sein. Diese Komplimente sollen den Kunden in eine Position der Kaufentscheidung bringen. Sie stehen in direktem Zusammenhang mit dem, was dem Kunden wichtig ist und verstärken dieses Bild in seiner Vorstellung. Sie erhören sozusagen, wovon der Kunde ausgeht.

Die 12 Bestätigungen

Je nach Typ gibt es unterschiedliche Vorgangsweisen: Wenn Sie das Kaufmotiv herausgehört haben, wissen sie, welcher Typ der Kunde ist. Damit wissen Sie auch, welches Kompliment besonders wirksam ist.

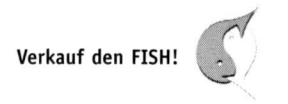

➜ Das direkte Kompliment

Typ1 - Impulskäufer: Für das wer er ist.
Dieser Typ ist entweder eine starke Persönlichkeit oder er tritt schwach auf. In jedem Fall tun Sie ihm einen Gefallen, in dem Sie ihm sagen: »Sie schauen aus als hätten Sie Mut und Stärke." Dieser Typ kann sehr enthusiastisch sein, daher sofort abschließen. Er verhandelt, weil er sich durchsetzen will. Kauft auch Innovationen, weil er einer der Ersten sein will.

Abschlusstechnik: Jetzt oder nie!

Bezugswörter: Erfolg, Sieg, Kraft, Stärke, Risiko, Innovation, Initiative

Typ 2 - Qualitätskäufer: Für das was er hat

Braucht vor allem die Bestätigung, dass er wertvoll ist. Dass er nur wertvolle Dinge kauft, dass seine Beiträge wertvoll sind. Dass durch den Kauf der Dienstleistung/des Produkts sein Wert steigt. Muss von der Qualität und vom Mehrwert überzeugt sein. Produkt angreifen lassen! Braucht etwas länger und verhandelt aus Gier.

Abschlusstechnik: Hartnäckigkeit, Mehrwertargumente

Bezugswörter: Bestand, Bewahren, Genuss, Geselligkeit, Besitz, Prestige, Sammeln, Sicherheit, Treue, Vorrat

Typ 3 - Neugierdskäufer: Für sein Wissen
Redet gerne oder fragt sehr viel. Braucht die Bestätigung, dass er intelligent ist. (Was Sie alles wissen!) Hören Sie vor allem gut zu und lassen Sie ihn reden. Wecken Sie seine Neugierde, durch scheibchenweise Hintergrundinformationen. Abschluss erst möglich, wenn Neugierde durch das Produkt gestillt wird. Ist leicht beeinflussbar!

Abschlusstechnik: Einfach einpacken

Bezugswörter: Bewegung, Diskussion, Information, Interesse, Intellekt, Rationales, Unterscheidung, Wissen

Verkauf den FISH!

Typ 4 - Versorgungskäufer: Für seine Familie, Kinder
Muss sich geborgen fühlen. Fragen Sie nach seiner Familie. Stärken Sie seine Identität. Bedürfnisse müssen durch das Produkt gestillt werden. Kauft möglicherweise auch aus einer Laune heraus und macht sich danach unnötig Sorgen.

Abschlusstechnik: Jetzt habe ich mich so bemüht!

Bezugswörter: Gefühle, Empfindung, Heimat, Geborgenheit, Zufriedenheit

Typ 5 - Statuskäufer: Für seine Handlungen, Projekte
Bauen Sie sein Selbstbewusstsein auf: Sie sind ja wer. Bewundern Sie ihn für sein Sosein. Kauft um anzugeben, um dabei zu sein. Erklären Sie diesem Typen, welcher Prominente dieses Produkt hat. Ist sehr anfällig für Testimonials. Verhandelt, weil er wichtig sein will, oder weil es modern ist. Spieler!

Abschlusstechnik: Souverän abschließen (Imponiert ihm)

Bezugswörter: Gestaltung, Großzügigkeit, Handlungsfähigkeit, Imponieren, Stolz, Selbstbewusstsein

Typ 6 - Nutzenkäufer: Für sein Pflichtbewusstsein
Kauft vor allem den Nutzen eines Produktes. Sehr anfällig für Tests (Konsument, Stiftung Warentest) Sehr preissensibel, daher erklären Sie genau das Preis-Leistungsverhältnis und appellieren Sie an sein Pflichtbewusstsein. Kauft auch aus schlechtem Gewissen. Verhandelt, weil er sparen will.

Abschlusstechnik: Den Nutzen hervorkehren und aufschreiben.

Bezugswörter: Analyse, Detail, Fleiß, Genauigkeit, Haushalt, Ökonomisch, Sparsamkeit, Verwertung,

Typ 7 - Designkäufer: Für seinen Partner
Diesem Typ muss vor allem das Produkt oder die Werbung gefallen. Auch Symphatiewerte des Verkäufers oder des Testimonials sind sehr wichtig. Zeigen Sie ihm, dass Sie ihn mögen – ihn sympathisch finden, wegen seines feinen Benehmens. Bestätigen Sie seinen Geschmack! Oder auch seine Partnerwahl. Kann sich schwer entscheiden, braucht daher eine starke Führung.

Abschlusstechnik: Eine Alternative anbieten und zu einer Lösung führen. (Dieser Typ vergleicht innerlich)

Bezugswörter: Angenehm, Ausgeglichen, Eleganz, Freude, Freundlichkeit, Friede, Harmonie, Manieren, Schönheit

Verkauf den FISH!

Typ 8 - Ideenkäufer: Für seine Meinung
Ein sehr vorstellungsbezogener Typ, der vorwiegend die Idee dahinter kauft. Geben Sie ihm einfach Recht – und: Diskutieren Sie niemals mit ihm! Erfüllen Sie einfach seine Vorstellungen. Prinzipienreiter. Handelt, weil er Recht haben will.

Abschluss am besten mit Druck möglich!

Bezugswörter: Autorität, Chef, Druck, Forderung, Leidenschaft, Macht, Prinzip, Prozess, Vorstellung

Typ 9 - Enthusiasmuskäufer: Für seine Bildung

Dieser Typ ist leicht zu begeistern. Komplimentieren Sie seine Erzählungen über Reisen und seine Weltoffenheit. Ist ganz gerne ein Besserwisser, bewundern Sie daher seine Bildung. Kann leicht überheblich erscheinen, kauft dann mehr als er braucht. Vergisst dann auch zu handeln.

Abschlusstechnik: Mit Begeisterung abschließen.

Bezugswörter: Aufschwung, Belohnung, Bildung, Expansion, Fülle, Glück, Sinn, Verbesserung, Weisheit, Wohlstand
Bild Enthusiasmuskäufer

Typ 10 - Verantwortungskäufer: Für sein Verantwortungsgefühl

Identifiziert sich mit den vorherrschenden Normen und Geboten. Braucht daher anerkannte Studien und Testimonials (Professoren, Doktoren usw.) Kauft aus Verantwortung. Appellieren Sie daher an sein Verantwortungsgefühl. Kauft vorwiegend etablierte Dinge. Schwer zu begeistern. Handelt weil er streng ist.

Abschlusstechnik: Eventuell mit Strenge, das hat man heutzutage.

Bezugswörter: Anerkennung, Ausdauer, Belehrung, Erfahrung, Ernst, Fleiß, Härte, Klassisches, Kompetenz, Kontinuität, Realität, Tradition, Verantwortung, Vergangenheit

Typ 11 - Spontankäufer: Für seine Freunde
Dieser Typ kauft meist Dinge die seine Aussergewöhnlichkeit bestärken. Ist seiner Zeit auch gerne voraus. Wenn dieser Typ nervös ist, bestätigen Sie ihm, dass er außergewöhnlich ist. Ist optisch gerne auffällig, aber im innersten ein wahrer Menschenfreund. Hat Freunde in unterschiedlichsten Schichten und erzählt auch gerne darüber. Kauft nichts, was »jeder« hat. Kauft sehr schnell und spontan.

Abschlusstechnik: Jetzt ihre Chance, die Gelegenheit.

Bezugswörter: Abenteuer, Ausnahme, Aufregung, Extravagant, Exzentrisch, Freiheit, Genialität, Idee, Improvisation, Originalität, Progressiv, Sensation, Sonderangebot, Überraschung, Umtausch

Typ 12 - Mitleidskäufer: Für sein Bewusstsein

Dieser Typ ist besonders vorsichtig, aber leicht zu beeinflussen. Braucht vor allem Zuversicht, dass der Kauf richtig ist. Lässt sich leicht verunsichern, und braucht daher besonders intensive Nachbetreuung. Kauft auch gerne aus Mitleid zum Verkäufer. Verhandelt selten, weil er sich nicht traut.

Abschlusstechnik: (Mitleidsmasche) Oder er hilft gerne. Also lassen Sie sich helfen!

Bezugswörter: Ahnung, Ersatz, Hoffnung, Phantasie, Schwäche, Trost, Unsicherheit, Wunder, Wunsch, Zweifel

► Das indirekte Kompliment

Beim indirekten Kompliment dagegen verpacken Sie Ihre Bestätigung in eine Anmerkung oder Frage, die etwas Positives über den Kunden impliziert.
Indirektes Komplimentieren ist der direkten Bestätigung vorzuziehen, weil es den Kunden dazu führt, seine eigenen Stärken und Ressourcen zu entdecken.

Typ 1: Impulskäufer
Bezugswörter: Erfolg, Sieg, Kraft, Stärke, Risiko, Innovation, Innitiative...

Aussage: »Das hat mich viel Kraft gekostet.«
»Sie meinen, Sie haben damals besonderen Mut und Stärke bewiesen?«
Aussage: »Ich bin schon öfters mit Neuigkeiten eingefahren.«
»Sie waren damals besonders innovativ?«
Aussage: »Da ging ich ein großes Risiko ein.«
»Sie hatten schon öfters mit Risiko Erfolg?«
Aussage: »Ich setze mich immer durch.«
»Sie denken, das Siegen liegt Ihnen im Blut?«

Typ 2: Qualitätskäufer
Bezugswörter: Bestand, Bewahren, Genuss, Geselligkeit, Besitz, Prestige, Sammeln, Sicherheit, Treue, Vorrat

Aussage: »Ich bewahre mir meinen Besitz.«
»Sie sind anscheinend sehr stolz auf Ihren Besitz?«

Aussage: »Nun da muss ich mir ganz sicher sein.«
»Sicherheit ist für Sie scheinbar sehr bedeutend?«
Aussage: »Irgendein Produkt kann ich nicht kaufen.«
»Sie legen auch großen Wert auf Ihr Prestige?«

Typ 3: Neugierdskäufer
Bezugswörter: Bewegung, Diskussion, Information, Interesse, Intellekt, Rationales, Unterscheidung, Wissen

Aussage: »Ich weiß darüber ganz gut Bescheid!«
»Sie sind wohl immer gut informiert?«
Aussage: »Ich habe schon eine ganze Menge Informationen«
»Sie machen sich immer schon vorher schlau?«
Aussage: »Das ist aber jetzt nicht logisch!«
»Sie treffen vor allem logische Entscheidungen?«

Typ 4: Versorgungskäufer
Bezugswörter: Gefühle, Empfindung, Heimat, Geborgenheit, Zufriedenheit

Aussage: »Ich habe schon manche Dinge gegen meine Empfindung gekauft.«
»Sich wohlzufühlen, ist für Sie also sehr wichtig?«
Aussage: »Ich mag keine ausländischen Produkte.«
   »Das heißt, Sie sind sehr heimatverbunden...«
Aussage: »Ich kaufe in keinem Geschäft, in dem ich mich nicht wohlfühle.«
»Sie meinen Geborgenheit ist für Sie ein starker Wert?«

Typ 5: Statuskäufer
Bezugswörter: Gestaltung, Großzügigkeit, Handlungsfähigkeit, Imponieren, Stolz, Selbstbewusstsein

Aussage: »Das hat dem Verkäufer total imponiert.«
»Da waren Sie sicherlich stolz darauf?«
Aussage: »Ich kaufe nur ihn großen Mengen.«
»Ja, wer nicht großzügig denkt, bleibt im Mittelmaß stecken!«
Aussage: »Da musste ich schnell handeln.«
»Sie meinen, es war besser, Ihr Schicksal in die eigene Hand zu nehmen?«

Typ 6: Nutzenkäufer
Bezugswörter: Analyse, Detail, Fleiß, Genauigkeit, Haushalt, Ökonomisch, Sparsamkeit, Verwertung

Aussage: »Das muss in der Bedienungsanleitung stehen.«
»Sie achten doch auch auf jedes Detail?«
Aussage: »Für mich muss ein Kauf Ökonomisch sein.«
»Ja, die Kosten-Nutzen-Relation muss stimmen!«
Aussage: »Ich habe mir das bis ins Detail angesehen.«
»Auf solch einen Fleiß können Sie stolz sein!«
Aussage: »Ich muss da noch eine Analyse machen.«
»Sie meinen Sie entscheiden sehr sachlich?«

Typ 7: Designkäufer
Bezugswörter: Angenehm, Ausgeglichen, Eleganz, Freude, Freundlichkeit, Friede, Harmonie, Manieren, Schönheit

Aussage: »Ich streite nicht gerne.«
»Jeder Mensch braucht nun einmal ein gewisses Maß an Harmonie...«
Aussage: »Das ist mir zu pompös!«
»Sie schätzen eher schlichte, unaufdringliche Eleganz?«
Aussage: »Die wenigsten Verkäufer haben heute noch Manieren.«
»Ja, echte Freundlichkeit ist heute so selten geworden!«

Typ 8: Ideenkäufer
Bezugswörter: Autorität, Chef, Druck, Forderung, Leidenschaft, Macht, Prinzip, Prozess, Vorstellung

Aussage: »Da steige ich nicht von meiner Meinung runter.«
»Ihnen geht es wohl um's Prinzip?«
Aussage: »In diesem Fach kann man mir nichts vormachen!«
»Ich wäre auch gerne eine Autorität wie Sie!«
Aussage: »Ich bin ein Fan dieser Marke.«
»Sie kaufen also aus Leidenschaft?«

Typ 9: Enthusiasmuskäufer
Bezugswörter: Aufschwung, Belohnung, Bildung, Expansion, Fülle, Glück, Sinn, Verbesserung, Weisheit, Wohlstand

Aussage: »Ich hatte schon oft Glück.«
»Sie haben in Ihrem Leben sicherlich schon einiges an Wohlstand erreicht?«
Aussage: »Macht dieser Kauf wirklich Sinn?«
»Sie schätzen sicherlich eine Bereicherung Ihres Lebens?«

Aussage: »Kann dieses Produkt auch mehr als das Alte?«
»Sie kaufen anscheinend nur Verbesserungen.«

Typ 10: Verantwortungskäufer
Bezugswörter: Anerkennung, Ausdauer, Belehrung, Erfahrung, Ernst, Fleiß, Härte, Klassisches, Kompetenz, Kontinuität, Realität, Tradition, Verantwortung, Vergangenheit

Aussage: »Ich lebe in der Realität.«
»Sie sind sicher jemand, den man ernst nimmt.«
Aussage: »Ich hatte es immer besonders schwer.«
»Sie hatten also immer sehr viel Verantwortung zu tragen.«
Aussage: »Kennen Sie sich da wirklich aus.«
»Ihnen ist Kompetenz scheinbar sehr wichtig.«

Typ 11: Spontankäufer
Bezugswörter: Abenteuer, Ausnahme, Aufregung, Extravagant, Exzentrisch, Freiheit, Genialität, Idee, Improvisation, Originalität, Progressiv, Sensation, Sonderangebot, Überraschung, Umtausch

Aussage: »So genau muss ich das gar nicht wissen.«
»Die Improvisation scheint ihre Stärke zu sein!«
Aussage: »Dieses Angebot ist sensationell!«
»Sie brauchen anscheinend die Aufregung eines Sonderangebots.«
Aussage: »Haben Sie nichts Originelles?«
»Sie lassen sich wahrscheinlich gerne überraschen.«

Typ 12: Mitleidskäufer
Bezugswörter: Ahnung, Ersatz, Hoffnung, Phantasie, Schwäche, Trost, Unsicherheit, Wunder, Wunsch, Zweifel

Aussage: »Ich hoffe immer noch auf ein Wunder.«
»Ja, Hoffnung gibt Zuversicht.«
Aussage: »Ich bin mir so unsicher.«
»Sie erfüllen sich sicher gerne Ihre Wünsche.«
Aussage: »Ich habe da so eine Ahnung.«
»Sie meinen, Zweifel hat Sie schon öfters bewahrt?«

Einen Traum anbieten

Ein altes Sprichwort sagt: Wenn Sie wollen, dass Ihre Leute ein Boot bauen, dann sprechen Sie nicht vom Holz, von der Konstruktion und von den Kosten. Erzählen Sie ihnen stattdessen vom Meer, der Weite, von Abenteuern und wecken Sie ihre Sehnsüchte. Dann werden diese Menschen voller Begeisterung das Boot bauen.

Wenn Sie also nicht nur die Ware selbst, sondern vor allem auch »den Traum dahinter« anbieten, wird der Kunde von selbst aktiv. Sie wecken damit ein Bedürfnis. Dafür brauchen Sie eine bildhafte Sprache mit Metaphern, die diesen Traum beschreibt. Es geht um die Idee hinter Ihrem Produkt.

Aber: Wie vermitteln wir eine Idee?

Das Kommunikationsmodell aus dem NLP beschreibt die verschiedenen Ebenen, in denen wir uns bewegen können.

Je weiter oben wir uns bewegen, umso effizienter wird Kommunikation.

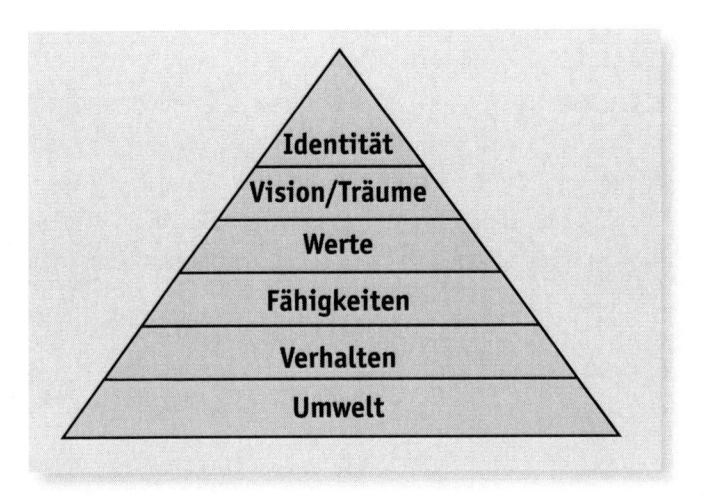

```
         /\
        /  \
       /Identität\
      /Vision/Träume\
     /    Werte      \
    /   Fähigkeiten   \
   /     Verhalten     \
  /       Umwelt        \
 /_____\
```

Als Top-Verkäufer sollten Sie sich auf der Ebene der Werte und Träume bewegen können. Sprechen Sie also diese Werte und Träume Ihrer Kunden an!

Jeder Mensch hat auf einem oder auch zwei Gebieten Träume, die sich nur schwer erfüllen lassen.

Die 12 Träume und Werte

Auch hier gelten wieder 12 mögliche Träume, die den Menschen dazu veranlassen, überhaupt etwas kaufen zu wollen.
Deshalb müssen Sie nun jedem dieser zwölf Typen den jeweils »richtigen« Traum vermitteln. (Das können übrigens völlig

Verkauf den FISH!

andere Felder sein als die zuvor präsentierten Bereiche, in denen der Kunde jeweils Anerkennung braucht!)

1. Persönlichkeit, Sport, Abenteuer
Dieser Mensch will sich selbst bestätigt sehen – zeichnen Sie ihm also »seinen« Traum: einen Traum, in dem er im Mittelpunkt steht, über alle Details seines Lebens die Kontrolle hat. Einen Traum, in dem er alle Arten von Sport und Abenteuer erleben kann und wobei ihm trotzdem niemals etwas »außer Kontrolle« gerät.

2. Besitz, Geld
Dieser Mensch will nicht »sein«, dieser Mensch will »haben«. Zeichnen Sie also ein Bild, wo er all das besitzt, was er sich erträumt – vielleicht sogar als Einziger weit und breit! Zeigen Sie ihm den Neid, die Bewunderung und die Anerkennung, die er damit bei den »Anderen« auslösen kann – und er wird das Ding kaufen.

3. Wissen
Dieser Mensch träumt davon, zu »wissen«. Nicht zu einem bestimmten Zweck, sondern das Wissen ist für ihn Selbstzweck. Und es gibt ihm die Sicherheit, die er sucht. Sein Credo ist: »Menschen können mich anlügen – Fakten sind unumstößlich.«
Liefern Sie ihm deshalb nur reine Fakten: was das Ding kann, wo seine Einsparungspotenziale liegen, weshalb dieses Produkt trotz eines höheren Preises eine so gute Investition ist (z. B. lange Lebensdauer, Verarbeitungsqualität) usw.

4. Familie, Geborgenheit, Gefühle

Diesem Menschen müssen Sie schildern, wie gut aufgehoben seine Anliegen mit diesem Produkt sein werden (z. B. weil er mit dieser ganz besonders zuverlässigen Uhr wohl niemals zu spät kommen wird) oder weshalb er gerade mit diesem Markenprodukt so gut aufgehoben ist (z. B. beim Auto: die hohe »innere Sicherheit«, viele Airbags etc.).

5. Selbstverwirklichung

Hier sucht jemand seinen Weg, sich selbst zu verwirklichen. Also handelt sein Traum von Unabhängigkeit, vom Durchsetzen eigener Vorstellungen, von der grundsätzlichen (teilweise neidvollen) Anerkennung der Mitmenschen für denjenigen, der sich »auf die Hinterbeine stellt«, usw. Zeigen Sie ihm also einen Traum, in dem er sich durchsetzt – und Sie haben ihn an der Angel!

6. Arbeit, Gesundheit

Dieser Mensch sucht nach Sicherheit. Er will ohne Schwierigkeiten seine Arbeit tun können und er will gesund und fit bleiben. Oft hat er Angst vor langwierigen chronischen Krankheiten. Zeichnen Sie ihm den Traum eines aktiven, strahlenden Menschen, der mit diesem Produkt sowohl bei der Arbeit wie auch in seinem Leben aktiv und erfolgreich ist, der keine Angst vor Rückschlägen haben muss, weil er damit immer gesund bleibt (dazu reicht beispielsweise schon eine Stoppuhr-Funktion bei einer Armbanduhr, damit kann er laufen gehen und seine Leistung kontrollieren).

7. Schönheit, Liebe

Der Idealist und Schöngeist liebt, wie schon erwähnt, einfach schöne Dinge – und er sehnt sich nach Liebe und Zuneigung der »Anderen«. Zeichnen Sie ihm einen Traum, in dem er ausschließlich von schönen und geschmackvollen Dingen umgeben ist und in dem er die Wertschätzung und Zuneigung aller genießt. Ob das eine Kreuzfahrt ist oder ein einfacher Hotel-Urlaub – egal. Alle diese Dinge bieten die genannten Möglichkeiten, solange man sie hier nur sehen will.

8. Partnerschaft

Hier können Sie den Traum vom idealen (Lebens-)Partner skizzieren – gesichert und bestätigt durch dieses Produkt. Denn mit fast jedem Ding könn(t)en Sie ja den Partner für sich gewinnen – vorausgesetzt, das Produkt passt einigermaßen. Egal, ob es nun der Wert des Produkts ist, beispielsweise als Geschenk, oder dessen Symbolgehalt: Wenn Sie diesem Kunden begreiflich machen können, dass er damit seinen Lebenspartner erringt (oder auch nur die Partnerschaft festigt), haben Sie die Nase vorn.

9. Bildung, Reisen

Der Traum dieses Menschen sind Bildung und Reisen in ferne Länder. Aussagen wie »Mit so einer Uhr« (bzw. »Mit diesem Mantel« etc.) »wirken Sie wie ein Universitätsprofessor« oder »Das ist eine Uhr für Weltreisende« sind hier hilfreich.

10. Gesellschaft, Karriere

Hier heißt der Traum »Karriere machen, Anerkennung dafür bekommen«. Und auch hier ist das Argument »Mit diesem ... wirken Sie wie ein leitender Angestellter« sicher nützlich.

11. Freundschaft, Freiheit

Anders als zuvor wird von diesem Typ nicht die Anerkennung, sondern die »große Freiheit« anvisiert. Dieser Mensch sieht sich in seinem Traum nicht in der Direktionsetage, sondern in der urwüchsigen Wildnis am Lagerfeuer. Werbungen wie »der Geschmack von Freiheit und Abenteuer« fallen hier auf fruchtbaren Boden; Wandern, Trekking, Motorradfahren (am besten gleich auf dem legendären »Highway 61« quer durch die USA) oder Segeln (natürlich Hochsee!) sind entsprechende Hobbys. Verkaufen Sie ihm diese Träume mit Ihrem Produkt!

12. Glaube, Erlösung

Hier steht Grundsätzliches im Vordergrund. Dementsprechend können hier »absolute« Aussagen wie z. B. »Mit diesem Produkt machen Sie den richtigen Schritt« bzw. »Damit gehen Sie den richtigen Weg« hilfreich sein – aber bitte bloß nicht dabei übertreiben, sonst kippt die Wirkung ins Gegenteil!

Zeichnen Sie in allen Fällen die Zukunft möglichst farbenfroh, und zeigen Sie ihm auch auf, wie der Kunde mit Ihrem Produkt seine Ziele besser erreichen kann.

Ausnahmefragen

Auch wenn ein Kunde oft misstrauisch ist, da er in der Vergangenheit schon oft genug enttäuscht wurde, so gibt es dennoch Ausnahmen, bei denen er nach dem Kauf durchaus begeistert war.

Untersuchen Sie diese Ausnahmen, da diese Ihnen helfen, den Kunden zu begeistern.

- Wer, was, wann und wo im Käuferleben des Kunden waren die Ausnahmen?

- Was an seinem alten Produkt (bei Neukauf) hat ihn zufrieden gemacht?

- Welchen Kauf hat er als Erfolg empfunden?

- Hat er auch schon einmal mehr ausgegeben und war dann begeistert?

Es geht also darum, eine positive Zukunft zu erkunden, die hilfreichen Käufe der Vergangenheit zu bestätigen und ihn dann einzuladen, dieses Kauferlebnis auszuweiten.

Skalierungsfrage

Die Skalierungsfrage ist ein Messinstrument für die Begeisterung des Kunden:

Verkauf den FISH!

"Stellen Sie sich eine Skala von 1-10 vor. 1 ist wenig zufrieden, und 10 ist Begeisterung. Auf welchem Punkt der Skala befinden Sie sich, wenn Sie an das Produkt denken, das ich Ihnen vorstelle?« Sollte die Antwort weniger als 10 sein, fragen Sie nach, was ihm noch fehlt. Sollte die Antwort 10 oder mehr sein, können Sie sofort zum Kaufabschluss übergehen.

Die Skalierungsfrage können Sie auch dazu verwenden, einen Kunden langsam von zum Beispiel 4 auf 10 hinzuentwickeln. Fragen Sie, was dazu geführt hat, dass er schon auf 4 ist und nicht erst auf 1. Oder was müsste passieren, dass er von 4 auf 5 kommt. Gehen Sie in kleinen Schritten vor!

Sich selbst offenbaren

Erzählen Sie, wenn es passt, von ihren eigenen Erfahrungen und Erlebnissen mit den Produkten, das schafft Vertrauen. Solidarisieren Sie sich mit dem Kunden.

Beispiel

Stellen Sie sich bitte einen Elektrogroßmarkt vor, mit einer Handyabteilung. Ein Kunde betritt die Abteilung, und ein Verkäufer geht auf ihn zu:

Verkäufer: »Guten Tag. Wobei kann ich Ihnen helfen?«
Kunde: »Ich will nur mal schauen.«
Verkäufer: »Aber gerne, suchen Sie etwas bestimmtes, damit ich Ihnen unsere Auswahl zeigen kann?«
Kunde: »Ich suche ein neues Handy.«

Verkauf den FISH!

Verkäufer:	»Haben Sie ein bestimmtes Modell im Visier?«
Kunde:	»Nein.«
Verkäufer:	„Hier an der Wand haben wir eine große Auswahl an verschiedenen Handys.«
Kunde:	»Aha«
Verkäufer	(wartet)
Verkäufer:	»Haben Sie schon ein Handy?«
Kunde:	»Ja.«
Verkäufer:	»Wie alt ist es denn?«
Kunde:	»Naja so etwa 2 Jahre.«
Verkäufer:	»Und waren Sie zufrieden.«
Kunde:	»Naja, es hat seine Dienste erfüllt.«
Verkäufer:	»Und jetzt wollen Sie etwas moderneres?«
Kunde:	»Ja.«
Verkäufer:	*»Darf ich Ihnen eine außergewöhnliche Frage stellen?«*
Kunde:	»Wieso nicht!«
Verkäufer:	»Nehmen wir an, Sie haben ein Handy bestellt und bekommen es morgen zugestellt. Sie packen das Paket aus, woran würden Sie erkennen, dass es für Sie genau das richtige ist?«
Kunde:	»Mhm. Das ist wirklich eine komische Frage. Ich könnte mehr Adressen als jetzt speichern.«
Verkäufer:	»Wie viele?«
Kunde:	»Na, so 700 – 800«
Verkäufer:	»Aha. Woran würden Sie noch erkennen, dass es das Richtige ist?«
Kunde:	»Ich könnte damit im Internet surfen wie am Computer.«

Verkauf den FISH!

Verkäufer:	»Was noch?«
Kunde:	»Es müsste einfach zu bedienen sein.«
Verkäufer:	(bestätigt) »Sie wissen eigentlich ziemlich genau, was Sie wollen. Was müsste es noch haben?«
Kunde:	»Mehr fällt mir jetzt nicht ein.«
Verkäufer:	»Woran würden es die anderen in ihrem Freundes- und Bekanntenkreis erkennen.«
Kunde:	»Sie würden mich beneiden.«
Verkäufer:	»Gut ich zeige Ihnen einmal ein Modell.«
Kunde	(sieht sich das Modell an und testet es kurz).
Kunde:	»Was kostet das?«
Verkäufer:	»159 Euro.«
Kunde	(überlegt).
Verkäufer:	»Was sagen Sie dazu?«
Kunde:	»Ich weiß nicht.«
Verkäufer:	»Auf einer Skala von 1 - 10. Wie begeistert macht es sie?«
Kunde:	»6«
Verkäufer:	»Mhm. Dann haben Sie mir etwas nicht gesagt, denn es kann bis zu 1000 Adressen speichern, ist einfach zu bedienen, und Sie können damit im Internet surfen wie am Computer.«
Kunde:	»Sie haben Recht, ich habe Ihnen etwas nicht gesagt. Es soll nicht jeder haben.«

Verkäufer erkennt: Kunde ist eine Mischung aus Typ 6 (sachliche Funktionen) und Typ 5 (Mittelpunktstreben).

Verkäufer bestätigend: »Sie wissen wirklich ganz genau, was Sie wollen. Das wird Sie zwar etwas mehr

Verkauf den FISH!

                kosten, würde aber gut zu Ihnen passen, da wird das nicht viel ausmachen. Hier habe ich ein besonderes Modell, das voll und ganz ihrer Persönlichkeit entspricht.«

Kunde testet es: »Was kostet das?«

Verkäufer:	»Das kann sich natürlich nicht jeder leisten. Es kostet 599 Euro.«
Kunde:	»Von dem habe ich aber noch nie etwas gesehen oder gehört.«
Verkäufer:	»Ja, es ist ein ganz neues Modell! Daher hat es auch nicht jeder.«
Kunde:	»Aber einer der Ersten will ich auch nicht sein.«
Verkäufer:	»Haben Sie schon einmal etwas besonders gekauft, wo Sie einer der Ersten waren.«
Kunde:	»Eigentlich schon.«
Verkäufer:	»Und, war die Entscheidung für Sie richtig?«
Kunde:	»Meistens schon.«
Verkäufer:	»Sehen Sie, auch mit diesem Handy werden Sie mehr als zufrieden sein, da es Ihre Wünsche voll und ganz erfüllt.«
Kunde	(ist ganz begeistert von diesem Handy).
Kunde:	»Ja, es ist wirklich etwas Besonders.«
Verkäufer:	»Wenn ich Ihnen noch mal eine Skalierungsfrage stelle, Auf einer Skala von 1 – 10: wie hoch ist Ihre Begeisterung?«
Kunde:	»11«
Verkäufer:	„Super, dann darf ich es einpacken?«
Kunde:	»Ja!«
Kunde	(kauft)

Verkauf den FISH!

Dieser Dialog hat uns nun gezeigt, wie es mit ein paar wenigen speziellen Fragen möglich ist, genau herauszuhören, was der Kunde wirklich will, was seine Kaufmotive sind und in welchem Bezugsrahmen er sich bewegt. Insbesondere wenn Sie sich in seinem speziellen Bezugsrahmen bewegen, wird sich der Kunde verstanden fühlen. Sie können die richtigen Worte und Komplimente wählen und führen den Menschen so in eine positive Stimmung. Sie bauen Lösungen auf, der Kunde wird seine individuelle Lösung kaufen können.

Reflexion:

Was ist passiert?

Ein Kunde betritt das Geschäft und ist zunächst abwartend und reserviert. Eine ganz übliche Verhaltensweise.
Wir geben ihm Zeit, sich zu akklimatisieren und sich umzusehen. Ohne aufdringlich zu sein, erfragen wir, was er eigentlich will und verwickeln ihn in ein Gespräch.
Erst nachdem das Eis gebrochen ist, stellen wir die Vorstellungsfrage (*Darf ich Ihnen eine außergewöhnliche Frage stellen? ...*), von mir auch »Magic Question" genannt. Damit können wir herausfinden, was der Kunde wirklich will.

Einerseits hören wir, worauf der Kunde wert legt, andererseits bekommen wir ein Gefühl dafür, was seine Kaufmotive sind.
Die Vorstellungsfrage bringt den Kunden aber auch in Kauflaune. Denn er stellt sich vor, er habe das Traumprodukt bereits. Durch die Skalierungsfrage bekommt der Verkäufer

Verkauf den FISH!

ein Feedback, ob denn das vorgeschlagene Produkt das Richtige ist.

Das ist Kundenorientierung in seiner höchsten Form. Denn damit geben wir dem Kunden das Gefühl, er sei der Experte für das, was er will.

Außerdem kann der Verkäufer den Kunden richtiggehend zum Abschluss begleiten.

Was habe ich noch gemacht?

Nachdem ich die Kaufmotive heraus gehört habe, habe ich den Kunden komplimentiert, was jedem Menschen gut tut und ihm Sicherheit und Stärke gibt.

Die Ausnahmefrage ist ein besonders wirkungsvolles Instrument, um Zweifel und Einwände auszuschalten.

Und damit haben Sie schon ein Kochrezept zum lösungsfokussierten Verkauf!

Autokauf

Verkäufer: Wie kann ich Ihnen helfen?
Kunde: Ich interessiere mich für einen Wagen.
V: Was für einen Wagen fahren Sie denn im Augenblick?
K: (nennt ein gängiges Standard-Modell)

V: Ja, es ist ein sehr solides Fabrikat. Und es gibt ihn in so vielen verschiedenen Ausführungen und Varianten. Haben Sie da schon ein bestimmtes Modell im Visier?

K: (unsicher) wohl wieder etwas Ähnliches.

V: *Darf ich Ihnen eine außergewöhnliche Frage stellen?*

K: Wieso nicht!

V: Nehmen wir an, Sie haben Ihr Auto bestellt und können es hier abholen. Sie betreten den Schauraum – woran würden Sie erkennen, dass eines davon Ihr Auto ist? Welches Modell hier im Raum könnte es sein?

K: Hm. Das ist wirklich eine komische Frage. Dieses hier vielleicht? (deutet auf das Standardmodell).

V: Gute Wahl. Solide und sparsam mit seinem Diesel. Aber nur mit zwei Türen?

K: Das ist schon in Ordnung; ich fahre meist alleine und bei zwei Türen ist das Einsteigen für mich bequemer.

V: Auf einer Skala von 1 – 10: Wie begeistert sind Sie davon?

K: Etwa 6.

V: Dann haben wir ein Merkmal noch nicht berücksichtigt, das Ihnen offenbar auch wichtig ist. Was soll Ihr Traumauto noch können? Sehen wir uns die anderen Modelle einmal an. Was wäre mit einem Vierrad-Antrieb?

K: (winkt ab) Ich fahr nicht im Gelände

V: Oder was wäre mit dem Sportmodell? Zwei obenliegende Nockenwellen, sechzehn Ventile, Sportfahrwerk?

K: (winkt wieder ab) Ich will ja keine Rennen fahren.

V: Was ist bei Ihrem Traumauto noch wichtig? Stellen Sie sich vor, Sie fahren bereits damit – wie fühlt sich das an? Beschreiben Sie es mir.

K: (schließt kurz die Augen) Ich fahre im Sonnenschein eine Küstenstraße dahin, spüre den Wind ...
V: (begreift) Das Verdeck ist offen?
K: Ja.
V: Hier drüben steht das Cabrio-Modell. Sonst gleiche Ausstattung, aber mit Hardtop und Stoff-Verdeck. Steigen Sie einmal ein.
K: (steigt ein)
V: (Zeigt ihm das Öffnen des Verdecks)
K: (lehnt sich im Fahrersitz zurück und blickt sich um)
V: Auf der Zehner-Skala: Wie begeistert sind Sie von diesem Auto?
K: 10.
V: Über den Vertrag und die Finanzierung können wir uns dort drüben im Büro unterhalten.
K: (kauft)

Versicherungen

V: Guten Tag, womit kann ich Ihnen helfen?
K: Ich bräuchte eine Versicherung für mein Haus.
V: Ein Einfamilienhaus?
K: Ja.
V: Da hätten wir ein Gesamt-Paket, das wäre auf Ihre Bedürfnisse genau zugeschnitten. Wasser- und Brandschaden, etc., alles wird abgedeckt.
K: Und was kostet das?
V: nennt die Prämie
K: (überlegt)

V: Darf ich Sie etwas fragen: Wenn Sie ein solches Paket selbst zusammenstellen müssten: Wie würde es aussehen?
K: Auch so ähnlich, allerdings mit einer geringeren Prämie. Sie müssen wissen, diese Versicherung ist vor allem eine Bedingung in meinem Mietvertrag.
V: Das lässt sich machen, wenn Sie mit einem höheren Selbstbehalt einverstanden sind.
K: Das wäre ideal.
V: Also doppelt so hoher Selbstbehalt im Schadensfall, und dafür nur die halbe Prämie.
K: (schließt ab).

Fertigteilhaus

V: Guten Tag, womit kann ich Ihnen helfen?
K: Ich wäre interessiert an einem Fertigteilhaus.
V: Da hätten wir eine ganze Reihe von Modellen. Wie viele Quadratmeter soll es denn haben?
K: Um die 130, wegen der Förderung
V: Da hätten wir unser Standardmodell. 130 m², im Erdgeschoß ein großes Wohnzimmer mit Essplatz, Küche sowie Bad und WC und oben zwei Schlafzimmer.
K: Das klingt nicht schlecht... aber... (zögert).
V: *Darf ich Ihnen eine außergewöhnliche Frage stellen?*
K: Wieso nicht!
V: Nehmen wir an, Sie betreten Ihr Haus. Woran würden Sie erkennen, dass dieses ganz genau Ihr Haus ist? Stellen Sie sich vor, wie es aussieht, und beschreiben Sie es mir.

Verkauf den FISH!

K: Hm. Das ist wirklich eine eigenartige Frage.
V: Was wäre mit diesem hier? (deutet auf das Standardmodell).
K: Ja, nicht schlecht, obwohl...
V: Was könnte hier noch fehlen?
K: Ich habe mir immer vorgestellt, dass ich aus dem Haus auf eine große Terrasse trete.
V: Das können wir machen. (blättert in den Unterlagen) Dieses Modell hat eine große Terrasse – noch dazu auf der Südseite.
K: ...und dass ich von dort in den Swimming-Pool steige.
V: (blättert weiter) Hier haben wir etwas für Sie: Auf der Südseite eine große Sonnenterrasse und davor einen Pool. Sehen Sie sich das Foto an.
K: JA, das gefällt mir. Aber wie schaut es mit der Garage aus?
V: (blättert weiter) Hier haben wir das gleiche Modell, aber dieses hat auf der Nordseite eine große Garage.
K: Ja, das sieht gut aus.
V: Auf einer Skala von 1 bis 10: Wie würden Sie dieses Haus einstufen?
K: Etwa auf 8.
V: Nur 8? Dann haben Sie mir nicht alles gesagt, irgend etwas fehlt dabei noch. Was könnte das sein?
K: Ich habe immer von einem offenen Kamin geträumt, im Wohnzimmer.
V: Das ist kein großes Problem, einen offenen Kamin können wir in jedes Modell einbauen, am besten hier, im Wohnzimmer (zeichnet den Kamin in den Grundriss ein). Wie wäre es jetzt? Wie würden Sie dieses Haus bewerten?
K: Jetzt mit 10

V: Also setzen wir den Vertrag auf.
K: (unterschreibt).

Möbelkauf

V: Guten Tag.
K: Guten Tag.
V: Wobei darf ich Ihnen helfen.
K: Ich suche eine Küchensitzgarnitur.
V: Wann brauchen Sie sie denn?
K: Sofort!
V: Haben Sie schon etwas aus unserem Angebot gesehen?
K: Nein, noch nicht wirklich.
V: Haben Sie sich schon überall umgesehen?
K: Noch nicht alles.
V: Gut, darf ich Ihnen eine außergewöhnliche Frage stellen?
K: Wieso nicht.
V: Wenn Sie sich bitte vorstellen Sie bekommen morgen Ihre Garnitur geliefert, woran würden Sie erkennen, dass es genau die Richtige ist?
K: Mhm, sie wäre eher rustikal und sehr stabil.
V: Woran noch?
K: Sie wäre aus Vollholz.
V: Woran würde es denn Ihre Familie erkennen?
K: Daran, dass ich es ausgesucht und gekauft habe.
V: Gut ich zeige Ihnen einmal etwas was Ihren Bedürfnissen entspricht. Hier diese Garnitur mit besonderer Qualität ist aus Vollholz und sehr stabil ausgeführt.
K: Ja, aber zu klein.

Verkauf den FISH!

V: Wie viele Leute sollen denn Platz haben?
K: 6-8
V: Gut ich zeige Ihnen eine größere Qualitätsgarnitur. Was sagen Sie dazu?
K: Ja die gefällt mir schon sehr gut, aber statt der Bank hätte ich lieber Stühle. Wäre das möglich?
V: Ja das wäre möglich.
Wenn Sie sich bitte eine Skala von 1-10 vorstellen. 1 gefällt mir gar nicht, und 10 gefällt mir sehr gut. Wo würden Sie dieses Stück einordnen?
K: Etwa bei 7.
Kunde sieht plötzlich ein Stück, das ihm besser gefällt.
K: Aber das dahinten wäre noch viel besser.
V: Ja, das hat auch einen besonderen Wert. Ist aber nicht sofort lieferbar.
K etwas enttäuscht: Und wenn ich das Ausstellungsstück nehme?
V: Da muss ich erst nachfragen.
K: Ich habe schon sehr viel bei Ihnen gekauft, da muss das doch möglich sein.
V: Kommt zurück: Ja ich habe im Computer nachgesehen, Sie sind für uns als Kunde sehr wertvoll. Das lässt sich machen.
K: (kauft)

Computerkauf

V: Guten Tag, wie kann ich Ihnen helfen?
K: Ich suche einen Computer.

Verkauf den FISH!

V: Was wollen Sie damit alles machen?
K: Na ja – so ziemlich alles.
V: Zum Beispiel?
K: Briefe schreiben, Adressen meiner Bekannten etc. verwalten, im Internet surfen, e-Mails schreiben, usw.
V: Und was ist mit Spielen? Zum Beispiel mit Autorennen, also wenn Sie am PC ein Auto oder ein Flugzeug steuern?
K: Damit hab ich nichts am Hut, das ist ja nur etwas für Kinder!
V: Also keine Spiele?
K: Sicher nicht.
V: Und was wäre mit CAD-Programmen?
K: Was ist das?
V: Das sind Programme, mit denen Sie am Bildschirm Dinge konstruieren – Häuser, Turbinen, Maschinen, usw.
K: Also das brauche ich auch nicht.
V: Dann reicht ein günstiger Allround-PC für Sie aus. Und hier haben wir ein günstiges Modell um 460 Euro, das wäre Sicherlich das Geeignete für Sie.
K: Was ist das – ein »Allround-PC«?
V: Das ist ein Rechner, mit dem Sie all das machen können, was Sie brauchen: für Office-Arbeiten, für das Internet, und eine Netzwerkkarte ist ebenfalls dabei. Und er ist trotzdem nicht teuer.
K: Klingt nicht schlecht (zögert).
V: *Darf ich Ihnen eine außergewöhnliche Frage stellen?*
K: Nur zu!
V: Nehmen wir an, Sie sitzen an Ihrem PC und arbeiten damit – woran würden Sie erkennen, das es Ihr Traum-PC ist? Wie würde es aussehen, wie würde es sich anfühlen?

Verkauf den FISH!

K: Das ist eine eigenartige Frage. Ich stelle mir vor, dass ich am PC sitze und mit allen Menschen in der Welt reden kann, und wenn ich will, sehe ich sie auch.
V: Dann brauchen Sie bloß noch eine Webcam und ein Mikrofon dazu, dann geht das alles mit diesem PC.
K: Und ich hasse das Durcheinander mit den vielen Kabeln. Da schaut es dahinter immer so unordentlich aus.
K: Dann nehmen wir einfach eine kabellose Tastatur und eine kabellose Maus, und dazu für den Drucker ein Bluetooth-Modul. Damit haben Sie sich den ganzen Kabelsalat erspart, alles läuft über Funk.
K: Das gibt es? Das wäre super!
V: Dann haben wir Ihren Traum-PC beisammen.
K: Ja – bis auf eines: Ich lade mir viel aus dem Internet herunter: Musik und auch viele Filme.
V: Dann brauchen Sie nur eine große Festplatte. Normalerweise wird die eingebaut.
K: Normalerweise?
V: Aber es gibt auch die externen Festplatten. Die können Sie per USB an jeden PC anstecken. Dann können Sie alle Ihre Filme und alle Musikstücke überallhin mitnehmen.
K: Das wäre toll.
V: Und außerdem – diese externe Festplatte überlebt auch einen Schaden, bei dem der Computer völlig zerstört wird.
K: Wie kann das passieren?
V: Wenn Sie zum Beispiel einen Schaden im Netzteil haben. Dann kann der ganze PC dabei kaputt gehen.
K: Das wäre schlimm.

V: Das ist zwar sehr selten, aber es ist schon vorgekommen. Aber sogar dann haben Sie mit dieser externen Platte immer noch alle Ihre Daten gerettet.
K: Das ist gut, das will ich haben.
V: Und mit einem Backup-Programm werden alle Ihre Daten täglich auf dieser externen Platte gesichert. Sogar wenn Sie plötzlich einen auf ganz neuen PC umsteigen, bleiben Ihre Daten auf diese Weise am Leben.
K: Und das kostet?
V: Knapp 100 Euro zusätzlich.
K: Da haben Sie mich überzeugt.
V: Also stellen wir Ihren PC zusammen.
K: (kauft).

Kauf einer Stereoanlage

V: Guten Tag, womit kann ich Ihnen helfen?
K: Ich suche eine neue Stereoanlage.
V: Welche Ausführung?
K: Sie soll klein sein, aber trotzdem gute Qualität.
V: Spielen Sie eigentlich noch Schallplatten?
K: Nein, schon lange nicht mehr.
V: Dann können wir uns die »Micro-Anlagen« ansehen, das könnte das sein, was Sie suchen (führt ihm einige vor).
K: (ist unschlüssig)
V: *Darf ich Ihnen eine außergewöhnliche Frage stellen?*
K: Bitte.
V: Nehmen wir an, Sie kommen nach Hause und sehen Ihre neue Anlage das erste Mal – woran würden Sie erkennen,

das es Ihre Traum-Anlage ist? Wie würde das aussehen, wie würde es sich anfühlen? Beschreiben Sie mir das bitte.
K: Das ist eine Frage! Ich stelle mir vor, dass ich daheim sitze und meine Musik höre.
V: Was meinen Sie mit »meine Musik«?
K: Alles, was ich eben so habe – auf CDs, auf Cassetten oder auch am Computer...
V: Ich verstehe. Sie wollen auch jene Musikstücke spielen können, die Sie am Computer gespeichert haben?
K: Genau!
V: Dafür würde ich Ihnen dieses Modell empfehlen. Es ist eigentlich eine ganz normale, hochwertige Stereoanlage. Aber zusätzlich hat es einen Anschluss für Ihr PC-Netzwerk und kann von dort auch MP3-Files holen und abspielen. Damit haben Sie Ihre gesamte Musik auf einem Gerät in höchster Qualität zur Verfügung.
K: (ist begeistert).

Küchengeräte

V: Guten Tag, wie kann ich Ihnen helfen?
K: Ich suche eine Küchenmaschine.
V: Da hätten wir verschiedene Arten, was soll sie denn ungefähr können?
K: Vor allem mixen, zerkleinern und Teig rühren.
V: Dann wäre dieses Modell vielleicht etwas für Sie, es kann genau das, was Sie beschrieben haben: es hat ein Rührwerk, und mit dem Mixer-Aufsatz können Sie auch Früchte etc. zerkleinern.

Verkauf den FISH!

K: Aha... (überlegt)
V: *Darf ich Ihnen eine außergewöhnliche Frage stellen?*
K: Sicher.
V: Nehmen wir an, Sie kommen nach Hause und packen Ihre Küchenmaschine aus – woran würden Sie erkennen, das es genau das Gerät ist, das Sie sich vorgestellt haben? Wie würde es aussehen, wie würde es sich anfühlen, wenn Sie damit arbeiten? Beschreiben Sie es mir bitte.
K: Komische Frage – also es ist stabil und solide gebaut, und ich kann es nach der Arbeit ohne Werkzeug, nur mit der Hand leicht zerlegen und reinigen. Und es macht Spaß, damit einen Kuchen zu backen oder einen Fruchtsaft zu machen.
V: Sie meinen also, es hat auch eine Saftpresse?
K: Ja...
V: Dort sehen Sie genau das Modell, das Sie mir beschrieben haben: Ähnlich wie das vorige, aber außerdem mit einer Saftpresse, außerdem ist es besonders stabil konstruiert.
K: (ist begeistert).

Überraschende Wendungen

V: Guten Tag, was kann ich für Sie tun?
K: Ich habe vor drei Wochen hier ein Handy gekauft, und das macht Probleme.
V: Was funktioniert denn nicht?
K: Es verschickt von selbst SMS-Nachrichten
V: Darf ich das Gerät einmal sehen?
K: Bitte, hier ist es

Verkauf den FISH!

V: (untersucht das Handy) Ja, ich glaube, ich weiß, was es ist. Das Handy ist so eingestellt, dass es bei jedem Druck auf diese Taste (er weist auf eine Taste an der Seite) ein Foto macht und es gleich als SMS verschickt. Aber das ist kein Problem, das kann man im Menü abstellen. (tippt kurz auf der Tastatur) ... schon geschehen! Sehen Sie, jetzt kann das nicht mehr passieren.
K: Das war alles?
V: Sicher, das war nur eine Kleinigkeit. Und sonst sind Sie mit diesem Handy zufrieden?
K: Ja, bis auf diese Sache mit den SMS ist alles bestens. Wenn nur alles so gut funktionieren würde...
V: Woran denken Sie dabei?
K: Ich denke an meinen PC
V: Was ist mit dem?
K: Es macht einfach keinen Spaß, mit ihm zu arbeiten.
V: Stellen Sie sich vor, dass Sie vor dem Gerät sitzen, und beschreiben Sie mir, was Sie daran am meisten stört.
K: Er ist immer sooo langsam.
V: Haben Sie den PC hier gekauft?
K: Ja.
V: Einen Augenblick, ich sehe kurz nach, welches Modell das war (geht an den PC und sucht in der Datenbank) ... Ah ja, hier haben wir das Gerät. (schaut genauer hin) Und ich glaube, ich kann Ihnen auch hier helfen. Wenn der PC so langsam wird: Hören Sie dabei ein Geräusch? Etwa »Z - Z - Z - Z«?
K: Ja, wieso wissen Sie das?

V: Ganz einfach, Sie haben beim Arbeitsspeicher gespart, und da muss der PC alles, was er gerade am wenigsten braucht immer auf der Festplatte ablegen, die hören Sie dann arbeiten. Und die Festplatte ist rund 1000 mal langsamer als der normale RAM-Speicher. Gönnen Sie Ihrem PC einfach etwas mehr Speicher, und das Problem ist gelöst.

K: Was würde das denn kosten?

V: Die Speicherbausteine kosten um die 60 Euro. Und wenn Sie wollen, bauen wir sie für Sie gleich ein, das kostet noch einmal 40 Euro, aber Sie haben dafür Garantie.

K: Ja das wäre mir lieber.

V: Gut, dann bringen Sie den PC in den nächsten Tagen vorbei. Der Umbau ist an einem Tag erledigt.

K: Auf Wiedersehen

■ Den USP verkaufen

Sie stehen in einem harten Wettbewerb mit vielen anderen Produkten, Verkäufern und Firmen.

Nehmen wir an, Sie haben Ihre persönliche Attraktion entwickelt, Sie haben Ihre eigenen Schwächen bearbeitet und die Fähigkeit, eine funktionierende Beziehung aufzubauen, dann haben Sie schon einen großen Schritt in Richtung Erfolg gemacht.

Jetzt brauchen Sie noch eine Unique Selling Proposition (USP) für Ihr Produkt und Ihre Firma. Unique heißt einzigartig. Was macht Ihre Firma und Ihr Produkt »besonders«?

Verkauf den FISH!

Aber bedenken Sie immer: Sie stehen im Mittelpunkt, nicht das Produkt! Die Marke und das Produkt sind hier grundsätzlich immer nur die »wichtigste Nebensache«.

So könnten unsere Fischverkäufer aus Seattle z. B. auch etwas völlig anderes verkaufen oder an einem ganz anderen Ort der Welt arbeiten. Und dennoch gilt auch dort: Sie müssen sich von ihrem Mitbewerb abgrenzen können.

Deshalb stellen Sie sich bitte nun die beiden Fragen:
- Was macht Ihr Produkt anders/besser als das der Konkurrenz?
- Was kann Ihre Firma (Ihr Produkt) ganz besonders gut?

Wiederum gilt: Denken Sie in »Lösungen« für den Kunden. Sie wollen (und können) damit sein ganz spezielles Problem/Bedürfnis auf Ihre ganz besondere Art und Weise lösen.

Kaufsignale erkennen

Bevor Sie einen Abschluss tätigen können, brauchen Sie Kaufsignale. Diese können Sie auf der Körperebene oder verbal erkennen – durch die Handlungen oder die Worte des Kunden. Ein Kunde, der durch gezielte Fragen sein Interesse signalisiert, ist »reif« für einen Abschluss. Wenn er dabei auch noch eine offene, leicht nach vorn gebeugte Haltung einnimmt, dann kann er es kaum noch erwarten, seine Unterschrift unter den Kaufvertrag zu setzen.

Verkauf den FISH!

Dennoch gibt es auch noch andere Kaufsignale, die nicht so leicht zu erkennen sind – sogenannte verdeckte Signale.

Achten Sie deshalb auf jede Reaktion des Kunden. Jede Reaktion, sowohl eine ablehnende wie auch eine zustimmende, ist immer noch besser, als keine Reaktion zu bekommen.

Denn auch ein Kunde, der ständig nur kritisiert und schimpft, zeigt dadurch doch (verdecktes) Interesse. Manche Kunden wollen es dem Verkäufer unbewusst schwer machen. Deshalb gibt es ja auch das Sprichwort: »Wer schimpft, der kauft!«

Und mit den Einwänden, die der Kunde äußert, liegt es wieder nur bei Ihnen und Ihrer Kunst der richtigen Einwandbehandlung.

Der Erwachsene stellt Fragen.

- Können Sie sich vorstellen, dass ...?
- Glauben Sie auch, dass ...?
- Sehen Sie auch die Vorteile ...?
- Was müsste passieren, dass ...?
- Geben Sie mir Recht, dass ...?
- Sind Sie einverstanden, dass ...?
- Nehmen wir an, dass ...?

Nicken Sie dabei mit dem Kopf, sodass Ihr Kunde gar nicht anders kann, als Ihnen Recht zu geben. Erzeugen Sie möglichst viele kleine Jas, um zu einem großen Ja zu kommen.

Der Abschluss

Wenn Sie genügend Kaufsignale wahrgenommen haben, können Sie zum Abschluss kommen.

Und gerade hier werden immer noch viele Fehler gemacht. Viele Verkäufer haben genau jetzt die Angst vor einem Nein, sie beginnen womöglich noch einmal mit Produkterklärungen. Der Kunde hat sich aber innerlich bereits entschieden. Weitere Produkterklärungen will er jetzt gar nicht mehr hören, er könnte dadurch höchstens wieder verunsichert werden. Die einzige Ausnahme: Wenn er nun noch nach einer bestimmten Information fragt, dann kriegt er genau dazu die entsprechende Antwort – sachlich und korrekt. Aber sonst?

Fordern Sie jetzt einen Abschluss. Sie haben alles gemacht, was in Ihrer Macht steht. Also ernten Sie nun die Früchte Ihrer Arbeit!
Viele Verkäufer finden diesen Vorgang – völlig grundlos – immer noch zu aufdringlich. Dazu ein paar Fragen:

- Verkaufen Sie ein ziemlich gutes Produkt?
- Verkaufen Sie ein Produkt, das ein oder mehrere Probleme löst?
- Glauben Sie, Anspruch auf einen Gewinn zu haben, wenn Sie ein Produkt verkaufen, das ein Problem löst?

Wenn Sie diese Fragen mit Ja beantworten können, haben Sie auch das Recht, nach einem Abschluss zu fragen.

Zeigen Sie Stärke!

Jetzt können Sie die Führung übernehmen. Zeigen Sie keine Unsicherheit – der Kunde spürt das sofort! Jetzt können Sie in die Kompensation gehen.

Wählen Sie Ihre »Technik«!

In der heutigen Zeit umkämpfter Märkte brauchen Sie als Reserve ein »Abschlussverhalten« – ein Verhaltensmuster, um den Abschluss endgültig durchzusetzen.

Es ist wie in der Steinzeit: Sie sind der »Jäger« und der Kunde ist die »Beute«. Oder in der Sprache der Transaktionsanalyse: Sie sind nun in der Kompensation, der Kunde wird zum angepassten Kind und tut somit nun das, was Sie wollen.

Das richtige »Verhalten«

Suchen Sie sich aus der folgenden Liste jene »Technik« aus, die am besten zu Ihnen passt. Aber wenn Sie eine »Abschlusstechnik« einsetzen, brauchen Sie absolute Sicherheit, das heißt: Sie müssen zuvor die Handhabung Ihrer »Verhaltens« erlernt haben und es muss zu Ihnen persönlich passen.

Nehmen wir also an: Sie haben bereits alles richtig gemacht, der Kunde vertraut Ihnen und ist kaufwillig und ab sofort stehen Sie im Mittelpunkt.

Verkauf den FISH!

Die 12 Abschlusstechniken

Typ 1: Jetzt oder nie, Messer ansetzen
Typ 2: Hartnäckigkeit als Waffe
Typ 3: Gebrauchen Sie eine List
Typ 4: Hilfsbereitschaft als Waffe
Typ 5: Souverän abschließen
Typ 6: Der Nutzen, die Vernunft
Typ 7: Eine Alternative haben
Typ 8: In der Wunde bohren, unter Druck setzen
Typ 9: Den Kunden mit Begeisterung überfahren
Typ 10: Das hat man, Strenge
Typ 11: Jetzt Ihre Chance, die Gelegenheit
Typ 12: Mitleidsmasche, Rückzug

Suchen Sie Ihre Stärken!

Zu jedem Verkäufer passt am besten eine ganz bestimmte Methode. Wenn Sie allerdings besonders gut sind, können Sie durchaus auch alle zwölf Methoden verwenden.
Danach nehmen Sie einfach Ihr Auftragsformular und beginnen Sie mit dem Ausfüllen – als wäre dies das Selbstverständlichste auf der Welt. Beginnen Sie mit den Kundendaten und danach mit den Bestelldaten. Wenn es jetzt noch Unsicherheiten gibt, können Sie sie an dieser Stelle klären. Gehen Sie ruhig in die Kompensation und werden Sie bestimmt.

Zeigen Sie dem Kunden am Schluss nur noch, wo er unterschreiben muss, und lesen Sie ihm nochmals vor, was er gekauft hat.

Als Letztes geben Sie ihm noch die Bestätigung, dass er das Richtige gemacht hat, und gratulieren Sie ihm zu seiner Wahl. Wirklich gut waren Sie, wenn sich der Kunde bei Ihnen jetzt auch noch für den Kauf bedankt.

Verkauf den FISH!

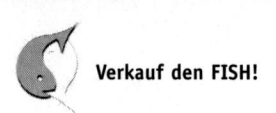

Die 10 Gesetze der Verkaufspsychologie

Dieses Kapitel schreibe ich, weil mir diese Gesetze sehr oft eine große Hilfe waren.

■ Die Reziprozität

Der Verkäufer erweist dem Kunden eine kleine Gefälligkeit – »einfach so«. Der Kunde hat daraufhin ein schlechtes Gewissen, er fühlt sich dem Verkäufer gegenüber verpflichtet und »revanchiert« sich – mit einem Abschluss. Der Verkäufer nutzt dabei den »Mechanismus der Gegenleistung«. Und der Kunde tut sich hier in der Regel einfach schwer, nein zu sagen. Allerdings müssen Sie Ihre Gefälligkeit auch entsprechend »verkaufen« – beispielsweise so: »Jetzt bin ich extra zu Ihnen gefahren!«, oder: »Ich mache diese individuelle Beratung nur für Sie; ich bemühe mich für Sie ganz besonders, weil Sie für mich wichtig sind!« Oder Sie haben dem Kunden sogar ein kleines Geschenk mitgebracht.

Versuchen Sie auf jeden Fall, dem Kunden ein schlechtes Gewissen zu machen. Am besten, indem Sie ihm klar machen, was Sie alles für ihn tun und getan haben.

Diese Vorgangsweise funktioniert sehr oft, da unser hierarchisches System Menschen erzeugt, die häufig durch ihr schlechtes Gewissen getrieben werden.

Auch die Leute vom Pike Place Fish Market tun eine ganze Menge für ihre Kunden. Sie bieten ein kostenloses Entertainment, beschäftigen sich intensiv mit den Kunden, ihre Ware hat beste Qualität und wird optimal präsentiert. Und der Kunde fühlt sich verpflichtet, sich für die Unterhaltung und für ihre Mühe zu bedanken – natürlich, indem er ihnen ihre Fische abkauft.

■ Attraktivität durch Knappheit

Der Wert des Produktes steigt, wenn es für knapp gehalten wird. Was rar und nur schwer zu bekommen ist, will der Kunde haben. Die Automarke Ferrari ist Meister in diesem Spiel. Etwas besitzen zu können, das nicht für jeden erhältlich ist, erzeugt ein starkes Kaufverlangen.

Beispiele:

»Dieses Angebot gilt nur für eine begrenzte Stückzahl« oder »... nur für eine begrenzte Zeit«.
Ebenso: Einführungsangebote, Sommerangebote, Weihnachtsangebote, Jubiläumsangebote, Messeangebote usw.
Oder auch: »Weltweit patentiertes Produkt, exklusiv nur bei unserer Firma.«

Sie brauchen immer einen Grund, mit dem Sie den Kunden in die Enge treiben und ihm klar machen, wie exklusiv dieses Angebot ist.
Und vor allem: Diese »Exklusivität« müssen Sie dem Kunden dann auch extra und ausdrücklich verkaufen.

■ Das Streben nach Konsequenz

Wer A sagt, will auch B sagen. Der Kunde hat das Bedürfnis, konsequent zu sein; schließlich ist konsequentes Verhalten gesellschaftlich anerkannt. Es verbinden sich positive Eigenschaften wie »logisch«, »vernünftig«, »aufrichtig« und »standfest« damit.
Wenn Sie also eine stabile »Ja-Kette« aufbauen, kann der Kunde nicht anders, als zu kaufen.

Beispiele:

- Sehen Sie einen Vorteil bei dem Produkt, das ich Ihnen gezeigt habe?
- Finden Sie das Preis-Leistungs-Verhältnis gerechtfertigt?
- Sind Sie von unserer Qualität überzeugt?
- Finden Sie das, was ich sage, logisch?
- Sie sind doch ein vernünftiger Mensch!

Hat der Kunde diese Fragen mit »Ja« beantwortet, dann muss er auch schon kaufen – oder er stellt sich selbst als »inkonsequent« dar!

Verkauf den FISH!

Weitere hilfreiche Formulierungen sind:

> Sollten Sie also jemals anfangen, etwas für sich zu tun:
> Wann wäre der richtige Zeitpunkt dafür?
> Gut, dann schreiben wir das auf.

■ Aktivierung und Kooperation

Beziehen Sie Ihren zukünftigen Kunden in den Verkaufsvorgang mit ein. Halten Sie keinen Monolog, sondern einen Dialog. Lassen Sie ihn rechnen, schreiben, testen!

Wenn Sie ein »angreifbares« Produkt haben, fordern Sie den Kunden auf, es anzugreifen. Beschäftigen Sie den Kunden mit der Ware!

Wenn Sie vieles gemeinsam machen, stellen Sie Sympathie und Gemeinschaftsgefühl her.

> ⇨ Auch unsere Fischverkäufer beziehen ihre Kunden in den Trubel mit ein: Sie holen die Leute hinter die Theke und lassen sie die Fische aus der Luft fangen. Damit durchbrechen sie die Grenze zwischen »Personal« und »Publikum«.

■ Motivation durch Etikettierung

Die Leute brauchen Anerkennung ebenso dringend wie die Butter aufs Brot. Das wissen Sie bereits. Wenn Sie den Kunden also anerkennen, kleben Sie ihm sozusagen Etiketten auf.

Sie sagen ihm:

- Wie stark er ist.
- Wie wertvoll er ist.
- Dass er Ideen hat.
- Wie gefühlvoll er nicht ist.
- Dass er Humor versteht.
- Wie fleißig er ist.
- Dass er kooperativ ist.
- Dass er Macht besitzt.
- Wie optimistisch er doch ist.
- Dass er verantwortungsbewusst ist.
- Wie außergewöhnlich er ist.
- Wie sensitiv er ist.

Als Verkäufer gewinnen Sie Einfluss, wenn Sie dem Kunden sagen, wie positiv ihn andere einschätzen.

■ Die sich selbst erfüllende Prophezeiung

Als Verkäufer müssen Sie an sich, an Ihren Erfolg und an Ihre Produkte glauben. Wenn Sie das nicht tun, werden Sie möglicherweise kurzfristig Erfolg haben, aber langfristig untergehen.

Auch ich war nicht mit jedem Produkt erfolgreich (was mich im Nachhinein selbst verwundert hat). Aber ich war in diesen Fällen einfach nicht überzeugt genug. Und wenn Sie Dinge wie z. B. »Luft in Dosen« verkaufen wollen, müssen Sie schon ein bestimmter Typ sein. Das hat mit Können meistens nichts mehr zu tun.

Wenn Sie allerdings überzeugt sind von sich, Ihren Produkten und dem Unternehmen, das Sie vertreten, dann geben Sie das durch Ihre Signale an Ihre Umwelt bekannt. Sie reden zuversichtlicher, bestimmter und treten selbstbewusster auf. Dadurch werden die Bedenken und Einwände des Kunden weniger.

⇨ Auch am Pike Place Fish Market herrscht eine so positive Stimmung, dass kaum ein Kunde auf den Gedanken kommt, die Produkte wären zu teuer oder hätten nicht die richtige Qualität.

Es ist also wichtig, in einem positiven Kreislauf zu sein, damit sich die »Prophezeiung Erfolg« auch tatsächlich erfüllt. Und dabei muss auch Ihr Unterbewusstsein von diesem Produkt überzeugt sein.

Schwierig wird das Ganze, wenn Sie in einem Abwärtsstrudel hängen. Denn auch eine Erfolgsbewegung ist eine Wellenbewegung mit Wellenberg und Wellental, die aber vorwiegend aufwärts geht. Und Sie wissen, wie schwierig es ist, aus einem Loch wieder herauszukommen. Ich habe Täler immer dazu genutzt, mich wieder weiterzuentwickeln.

Auch hier ist Mentaltraining ein tolles Instrument, um aus dem Wellental wieder in einen positiven Kreislauf zu kommen.

■ Der Pygmalion-Effekt

Den kennen wir bereits. Jeder Kunde glaubt: Wer so ist wie ich, der muss ein guter Mensch sein. Ähnliche Interessen und Hobbys erzeugen Sympathie.

Wenn Sie beispielsweise viel mit Hausbauern zu tun haben, dann sollten Sie so tun, als würden Sie auch selbst ein Haus bauen. Damit besuchen Sie Ihren zukünftigen Kunden in seiner Welt, Sie wissen um dessen Probleme und können mitreden. Aber nochmals: Verstehen Sie Ihren Kunden, jedoch haben Sie kein Verständnis. Sie wollen ja etwas verkaufen.

■ Der paradoxe Appell

Der paradoxe Appell ist so etwas wie ein »letzter Ausweg«. Sie haben alles nur erdenklich Mögliche gemacht, aber der Kunde will und will nicht kaufen. Insbesondere wenn Sie ihn mit Beispielen und Argumenten überschüttet haben, werden die Angst und die Unsicherheit des Kunden verstärkt. Oder er ist so erschöpft, dass er nicht mehr kaufen kann.

Einem hartnäckig opponierenden Kunden sagen Sie: »Vielleicht ist das Produkt ja doch nichts für Sie!«

Und jetzt kann es sein, dass der Kunde aus reiner Opposition doch kauft. Denn manche Kunden fühlen sich besonders selbständig, wenn sie genau das Gegenteil von dem tun, was ihnen gesagt wird.

(Sie erinnern sich an die Transaktionsanalyse: Hier haben wir das »trotzige Kind«!)

Weitere Möglichkeiten:

Dem Kunden den Kugelschreiber wegnehmen, mit den Worten: »Lassen Sie es bleiben, das ist doch nichts für Sie!«, oder: »Wenn Sie sich das nicht leisten können, kann man nichts machen!«

■ Die Dominanz von Emotionen

Auch dieses Gesetz kennen Sie bereits. 85 % der Kaufentscheidung werden durch Emotionen ausgelöst. Und Emotionen werden vorwiegend durch Bilder erzeugt. Verwenden Sie daher in Ihrer Verkaufspräsentation möglichst viele Bilder. Und hier vorwiegend Bilder, die auf die Werte und Träume Ihrer Kunden abzielen.

■ Der soziale Beweis

Wenn viele Menschen das Gleiche tun, muss es das Richtige sein.
Also müssen Sie Ihrem Kunden das Gefühl geben, dass es ganz normal ist, dass er Ihr Produkt kauft. Außer er ist Typ 11 und will »außergewöhnlich« sein, dann zieht diese Methode nicht; dieser Typ kauft nur als einer der Ersten und ist nicht daran interessiert, wenn schon »alle« dieses Produkt haben.

Der Rest ist meistens unsicher und braucht die Bestätigung, dass bedeutende Personen und Firmen dieses Produkt sehr schätzen.
Dies ist natürlich besonders leicht, wenn Sie den Marktführer repräsentieren. Wenn Sie allerdings neu starten, kann dieser »soziale Beweis« sehr schwierig sein. Hier brauchen Sie die richtige mentale Einstellung. Sie müssen so auftreten, als wäre das, was Sie tun, völlig normal und schon seit Jahren anerkannt

Verkauf den FISH!

Verkauf den FISH!

Die eigene Einstellung wählen[5]

In unserer dualen Welt hat alles zwei Seiten, alles spielt sich zwischen zwei Polen ab: hell und dunkel, krank und gesund, reich und arm usw. Deshalb haben Sie immer eine Wahl, für welche der zwei Seiten Sie sich entscheiden.

Nehmen wir als Beispiel »erfolgreich« oder »armes Opfer«: Sie können in der Früh aufstehen und den Tag mit einem Lächeln beginnen oder aber auch mürrisch in den Spiegel blicken. Ihre Einstellung beeinflusst dann auch vieles, was Ihnen an diesem Tag passiert. Und für Ihre Einstellung sind immer nur Sie selbst verantwortlich. Hier geht es nicht nur darum, ein »Positivdenker« zu sein; es geht vielmehr darum, wie Sie die Welt um sich herum grundsätzlich betrachten.

⇨ Auch die Arbeit auf einem Fischmarkt ist Schwerstarbeit: Tagesbeginn um sechs Uhr früh. 14 Stunden am Tag heben, schleppen, werfen. Nicht gerade abwechslungsreich. Tagein, tagaus – immer dasselbe.

Dennoch entscheiden sich unsere Fischhändler ganz bewusst jeden Morgen aufs Neue: »Be happy!« Sie sind gut drauf. Sie können ihre Arbeit mit Freude machen – oder eben nicht. Aber sie entscheiden sich für Freude.

Und sie haben ein System geschaffen, in dem sie sich gegenseitig aufschaukeln. Es kann natürlich vorkommen, dass einer nicht so gut drauf ist. Aber auch er wird schnell von den anderen mitgerissen.

Wie ist das eigentlich bei Ihnen? Arbeiten Sie in einer Umgebung, wo Freude versprüht wird – oder arbeiten Sie mit lauter »Miesmachern«?

Viele Menschen stöhnen in unserer schnelllebigen Zeit wegen der Überlastung am Arbeitsplatz. Viele Menschen leiden unter der Last ihres Schicksals. Aber es ist auch dann immer noch ihre Wahl, ob sie etwas ändern oder nicht.

Ich will Freude haben. Jeden Tag aufs Neue. Meinen Job muss ich auch machen, aber ich entscheide ganz bewusst, mit welcher Einstellung ich ihn mache. Ich will Lust, Freude und Bewegung in meinem Leben. Und ich lebe nicht, um zu arbeiten, sondern ich arbeite, um zu leben.

Wenn Sie die Wahl haben, in einem Arbeitsumfeld voller Freude zu arbeiten oder in einem System voller Mühe und Plage eingebunden zu sein: Wofür würden Sie sich entscheiden? Wo würden Sie auch langfristig bleiben? Ist Geld dann so wichtig?

⇨ Nein. Die Fischhändler vom Pike Place Fish Market sind keine Großverdiener. Aber sie entscheiden sich bewusst für Freude bei der Arbeit, und damit schaffen sie sich ein Arbeitsumfeld, in dem sie gerne arbeiten.

Dadurch gehen die Dinge auch leichter von der Hand und die Effizienz steigt. Wenn man ihnen bei der Arbeit zuschaut, wird einem auffallen, dass hinter dieser Leichtigkeit eine perfekte Organisation und Logistik steht. Jeder kennt seine Aufgabe und weiß ganz genau, was er zu tun hat.

Nachfolgend ein Kausalität, über die Sie nachdenken sollten:[6]

- Dinge, die uns Spaß machen, werden gerne gemacht → **FREUDE**
- Dinge, die wir gerne machen, machen wir oft → **ÜBUNG**
- Dinge, die wir oft machen, machen wir gut → **ERFOLG**
- Dinge, die wir gut machen, machen Spaß → **FREUDE**

Wenn Ihnen der Verkauf Freude bereiten soll, dann müssen Sie nur Menschen mögen und Ihre Produkte lieben.

Wenn Sie im Außendienst tätig sind, sollten Sie auch gerne Auto fahren.

Wenn Sie jetzt sagen: »Das alles ist so, aber mein Umfeld passt nicht, die Rahmenbedingungen stimmen nicht«, dann sollten Sie sich fragen, ob Sie nicht doch am falschen Platz sind. Und dann sollten Sie sich Ihren richtigen Platz suchen! Selbst in schwierigen Zeiten sind Top-Leute immer gefragt.

Verkauf den FISH!

■ Die mentale Einstellung für den Verkauf

Wenn Sie Ihrem Kunden gegenübertreten, sollten Sie ein gewisses Selbstverständnis haben. Dieses beginnt im Kopf.

⇨ Unsere Fischverkäufer können sich als einfache Leute fühlen – oder aber als Stars am weltberühmten Pike Place Fish Market.

Für Sie gilt das Gleiche. Erarbeiten Sie sich Ihre Einstellung, wie Sie verkaufen wollen.

Hier einige Beispiele:

> Ich weiß das, ich kann das und du bist daran interessiert.
> Es ist deine Aufgabe, dich für mich und meine Produkte zu interessieren.
> Dein Glück, dass ich heute da bin, denn du brauchst das, was ich verkaufe.
> Das ist mehr wert, als es kostet.
> Nur Kaufen macht Spaß.
> Ich mag dich und ich tue etwas für dich.
> Meine Provision habe ich mir redlich verdient.
> Ich habe kein Verständnis, wenn du das nicht kaufst.

Mit der richtigen Einstellung können Sie aus allem etwas Besonderes machen. Und das ist der Trick. Denn sobald Sie etwas Besonderes anbieten, ist der Kunde auch gerne bereit, mehr zu bezahlen.

Spaß haben und spielen[7]

Erinnern Sie sich?

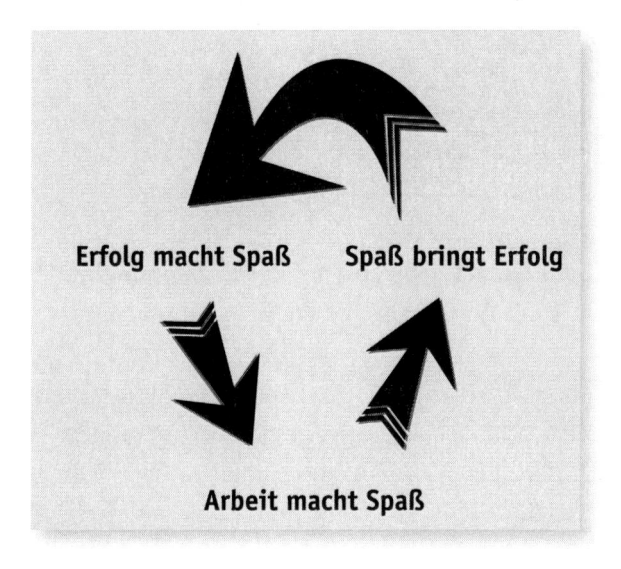

Erfolg macht Spaß   **Spaß bringt Erfolg**

Arbeit macht Spaß

Arbeit darf Spaß machen. Sie kennen sicher die alte Weisheit: »Mit der Arbeit beginnt der Ernst des Lebens.« Ich sehe das nicht ein. Warum soll das Leben ab dem Eintritt in den Arbeitsalltag nur mehr ernst sein? Und warum muss ich, wenn ich ein lebenslustiger Mensch bin, zwischen Arbeit und Freizeit unterscheiden?

Verkauf den FISH!

Jeder Job kann unglaublich langweilig sein. Es kommt nur darauf an, was Sie und Ihre Kollegen daraus machen. Spaß haben schließt nicht aus, dass Sie nicht hart und lange arbeiten können. Es ist einfach eine Frage der Kultur, wie wir miteinander umgehen. Ein Späßchen hier, ein Späßchen dort, und der Arbeitsalltag geht viel leichter von der Hand.

Gemäß Umfragen ist für die arbeitenden Menschen das Arbeitsklima der wesentlichste Zufriedenheitsfaktor.[10] Danach kommen gegenseitige Wertschätzung und Kollegialität. Die Bezahlung rangiert nur im unteren Mittelfeld.

Auch Ihre Kunden merken, ob Sie gut drauf sind. Und gerade als Top-Verkäufer sollten Sie immer gute Laune haben.

Das Leben ist hart genug, warum also können wir uns unseren Arbeitsalltag nicht erleichtern, indem wir fröhlich sind und Spaß haben? Sie werden es nicht glauben, aber alles geht ein wenig leichter von der Hand. Alles geht »spielerisch« – und damit erreichen Sie sogar eine Effizienzsteigerung.

Beneiden Sie nicht auch manchmal Menschen, die ihr Hobby zum Beruf machen konnten? Diese machen das, was sie wirklich interessiert und »arbeiten« genau genommen nicht.

⇨ Wenn Sie die Fischhändler vom Pike Place Fish Market beobachten, dann haben Sie den Eindruck, als würden die nicht arbeiten. Sie werfen mit den Fischen, rufen laut im Chor, lachen viel und haben eine Menge Spaß.

Dennoch: Wenn Sie genau hinsehen, können sie das nur deswegen, weil sie perfekt organisiert sind. Die Arbeit ist Nebensache. Sie ist völlig automatisiert. Das ist ähnlich wie mit dem Autofahren. Es ist ihnen einfach schon »in Fleisch und Blut übergegangen«.

Und alles, was Sie perfekt beherrschen, sieht aus, als würden Sie es »spielerisch« können.

Also nochmals unsere Kausalität:

> Dinge, die uns Spaß machen, werden gerne gemacht
> **FREUDE**
>
> Dinge, die wir gerne machen, machen wir oft
> **ÜBUNG**
>
> Dinge, die wir oft machen, machen wir gut
> **ERFOLG**
>
> Dinge, die wir gut machen, machen Spaß
> **FREUDE**

Das ist ein regelrechter Kreislauf. In einem spielerischen Arbeitsumfeld lernen Sie am besten (Stichwort Planspiele). In einem spielerischen Arbeitsumfeld arbeiten Sie gerne. Dadurch haben Sie Übung und werden in Ihrer Arbeit perfekt. Und damit haben Sie auch mehr Zeit für Späße – was den Kreis wieder schließt.

Verkauf den FISH!

Ein perfekt eingespieltes Team kann es sich erlauben, miteinander Spaß zu haben. Unsere Fischhändler sind ein solch perfektes Team. Fische werfen und fangen ist nicht gerade einfach. Das erfordert hartes Training. Jeder kennt seine Aufgabe, jeder kennt seinen Platz. Und das mit perfekter Organisation und völlig automatisiert. Damit wird Energie frei für das Spaßhaben und Spielen.

Hunter »Patch« Adams, der Erfinder der Lachtherapie und Vorreiter der CliniClowns, hat schon früh erkannt, dass Lachen die beste Medizin ist. Warum also dieses Wissen nur einsetzen in der Therapie von kranken Kindern?

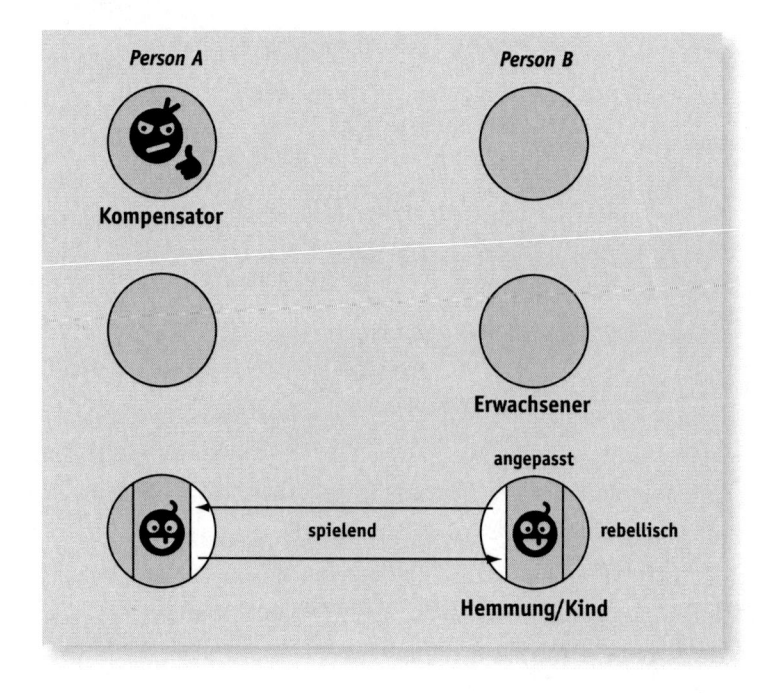

	Person A	Person B
	Kompensator	
		Erwachsener
		angepasst
	spielend	rebellisch
		Hemmung/Kind

Spaß haben und spielen

Lachen ist für alle Menschen gut. Lachen Sie also, so viel Sie können. Auch in der Arbeit. Spielen Sie – und alles wird leichter gehen.

⇨ Der Erfolg des Pike Place Fish Market liegt darin begründet, dass die beteiligten Personen spielen. Und dieses Spielen ist kein Privileg der Kinder. Es ist eine Frage der Einstellung. Es ist nur ein Ausdruck dessen, auf welcher Ebene der Transaktionsanalyse wir uns befinden.

Sie erinnern sich?

Dies ist das Stadium der »freien Kreativität«. Wenn zwei Erwachsene miteinander spielen, heißt das nicht, dass sie unreif oder kindisch sind. Es geht nur alles viel leichter von der Hand. Viele Menschen in der Arbeitswelt nehmen sich einfach viel zu ernst. Das vergällt ihnen und vor allem ihren Kollegen die Freude und den Spaß.

Der Spaß kommt aber nicht von alleine. Selbst das ist »Arbeit und Konzentration«. Wenn Sie aber den richtigen Teamgeist haben, dann geht es leichter. Sie motivieren sich gegenseitig und bauen sich regelrecht auf. Jeden Tag aufs Neue. Dadurch kommen Sie in einen positiven Regelkreis, bei dem Sie Erfolg haben müssen.

Verkauf den FISH!

Ein Einwand

Nun können Sie sagen, Sie haben nichts zu spielen. Sie haben nichts zu werfen. Nun – die »Spielart« können Sie frei erfinden. Es gibt so viele Möglichkeiten, zu spielen; wir haben sie nur verlernt.

Wenn Sie im Verkauf spielen, dann haben Sie außerdem noch einen großen Vorteil: Sie wecken Emotionen. Und noch immer werden über 80 % der Käufe über Emotionen entschieden, sogenannte Bauchentscheidungen.

⇨ Eine erfolgreiche Marke ist immer mit Emotionen »geladen«. Und der Pike Place Fish Market ist absolut emotional. Jeder der Beteiligten ist eine eigene Marke. Ein Original. Dort geht es nicht um Fisch. Fisch ist ein Nebenprodukt. Die Händler werden gekauft. Die könnten dort alles verkaufen. Wenn sie nur die dazu passenden Emotionen wecken.

Eine erfolgreiche Marke ist unverwechselbar. Der Pike Place Fish Market: der Markt der fliegenden Fische. Weltberühmt!

Stellen Sie sich vor, ein Marktstand mit einer Fläche von 366 Quadratmetern inmitten eines ganz normalen Marktes: weltberühmt!

Das ist doch die Idee eines verrückten spielenden Kindes.

Verkauf den FISH!

Überlegen Sie sich also eine Spielart, die zu Ihrem Produkt passt. Die zu Ihnen passt. Die in Zusammenhang mit Ihnen und Ihrem Produkt Emotionen weckt – und Sie werden mehr verkaufen!

Ein Produkt muss »lebendig« werden. Eine Marke muss mit Leben gefüllt werden. Ein Verkäufer muss zur Marke werden. Das können Sie am besten, indem Sie spielen. Schauspielen.

Jeder geht gerne ins Theater oder ins Kino. Also, warum überraschen Sie Ihren Kunden nicht mit ein wenig Entertainment? Das ist es, wenn ich meine, ein Verkäufer muss sich auch selbst verkaufen können.

Wenn Sie Spaß und Lebensfreude versprühen, werden sich Ihre Kunden gerne an Sie erinnern. Am Pike Place Fish Market verbringen die Kunden sogar ihre Freizeit. Sie gehen hin, lassen sich inspirieren von dem fröhlichen Treiben und laden sich auf für ihren eigenen tristen Alltag. Und nebenbei kaufen sie auch Fisch.

Verkauf ist immer am schönsten, wenn er so nebenbei läuft. Wenn die Kunden von selbst kommen. Wenn sie freiwillig kaufen.

Verkauf den FISH!

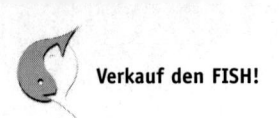

Präsent sein[8]

Präsent zu sein ist ein wichtiger Punkt im Umgang miteinander. Präsent sein heißt nicht nur, körperlich anwesend zu sein. Präsent sein, das heißt »da« zu sein – und zwar mit allen Sinnen. Sich voll auf sein Gegenüber zu konzentrieren. Nur er und ich!

> Hören, was er sagt.
> Sehen, wer er ist.
> Riechen: Kann ich ihn riechen?
> Schmecken: Schmeckt mir das, was er tut.
> Fühlen, wie es ihm geht.

Das erfordert Ihre volle Aufmerksamkeit und Konzentration. Und das permanent, die ganze Zeit über. Ganz egal, ob der Kunde etwas kauft oder nicht. Präsent sein heißt: »Ich widme meine Zeit ganz dir, nichts kann mich dabei stören.«

Nur du und ich!

Am störendsten empfinde ich, wenn ich mit jemandem rede und sein Handy läutet. Die meisten Menschen heben einfach ab und beginnen sofort ungeniert zu telefonieren. Was ist das für ein Benehmen? Welche Wertschätzung bringt mir mein Gegenüber damit entgegen? Dies ist ein ziemlich ungehobeltes Verhalten!

Verkauf den FISH!

Interessant ist hier auch das Maß der Aufmerksamkeit, die Verkäufer ihren Kunden widmen – abhängig davon, wie viel der Kunde kauft. Also: hohe Aufmerksamkeit bei »guten« Kunden, aber nur wenig Aufmerksamkeit bei »schlechten« Kunden. Das haben Sie sicher auch schon erlebt.

Dabei wäre doch die Pflicht eines Verkäufers, den Kunden nicht zu bewerten. Es ist seine Pflicht, jedem Kunden die gleiche Aufmerksamkeit zu schenken. Deshalb nochmals: Behandeln Sie jeden Kunden und jeden möglichen Kunden wie Ihren besten Freund. In dem Augenblick wo Sie Kontakt mit einem Kunden haben, ist er der wichtigste Mensch auf der Welt. Das ist zwar anstrengend – aber es zahlt sich aus!

Durch die Qualität der Kundenbetreuung wird für die Zukunft entschieden, ob eine Organisation erfolgreich sein wird oder nicht. Und dazu gehört eben auch das »Präsent sein«. Sie müssen jedem Ihrer Kunden ständig das Gefühl geben, dass sich alles um ihn dreht. Das ist »gelebte Kundenorientierung«.

Natürlich kenne ich auch die ABC-Analyse, und ich weiß auch, dass Kundenbetreuung viel Geld kostet. Dennoch: Wenn Sie mit Ihrem Kunden Kontakt haben, ist es Ihre Pflicht als Top-Verkäufer, hundertprozentig präsent zu sein. Bei A-Kunden häufiger als bei C-Kunden.

⇨ Unsere Fischhändler verpflichten sich jeden Tag aufs Neue, präsent zu sein. Physisch und psychisch. Und zwar für alle ihre Kunden.

Sie sind physisch präsent; sie verstecken sich nicht hinter ihrer Theke, sondern sie kommen den Kunden entgegen. Sie treten vor. Sie haben ihr Ohr »direkt am Kunden«. (Dies wäre für so manchen Schreibtischpolitiker übrigens auch längst angesagt: direkt zu den Wählern zu gehen und sie dort »abzuholen«, wo sie gerade stehen. Damit könnte man mit Sicherheit so manche Wahlschlappe verhindern.)

Und sie sind psychisch präsent; sie sind »bei den Menschen«. Sie konzentrieren sich voll auf denjenigen, bei dem sie gerade stehen. Egal, ob der etwas kauft oder nicht. Sie beschränken sich nicht nur auf oberflächlichen Small Talk, sondern sie spielen auch gerne Psychologen, sie hören sich die Sorgen und Probleme der Leute an.

Nicht umsatzgesteuert!

Wie Sie sehen, ist der Pike Place Fish Market nicht umsatzgesteuert. Das alles – der geschäftliche Erfolg, das Publikum, der gewaltige Umsatz – sind ihm nur »Nebenziele«. Hier geht es vielmehr um echten Humanismus. Und das ist Beziehungsmarketing in Reinkultur: ehrliches Interesse an den Kunden, »einfach so«!

Die erfolgreichsten Verkäufer überhaupt sind in aller Regel Menschenfreunde, die sich wirklich für das »Du« interessieren. Und wenn Sie sich diese Zeit nehmen, dann wird sich das auch für Sie auszahlen; Ihr Einsatz kommt doppelt und dreifach zurück. Gerade in unserer materialistischen Zeit sind

Verkauf den FISH!

die Menschen unglaublich dankbar, wenn man ihnen wirklich zuhört.

Es gehört auch zum Service an den Kunden, dass man sich mit ihnen beschäftigt. Und wer den besten Service bietet, bei dem wird auch gekauft.

Ich habe immer um mindestens 15 % teurer verkauft als die Konkurrenz. Und glauben Sie mir, das ist auch bei Ihnen möglich. Zwar nicht bei jedem einzelnen Kunden, aber zumindest bei 75 % der Zielgruppe.

Anderen Freude bereiten[9]

Jetzt gehen wir noch einen Schritt weiter. Denn oft reicht es nicht, nur »präsent« zu sein. Sie müssen sich auch überlegen, wie Sie Ihrem Kunden eine Freude bereiten. Aber eben nicht nur zum Geburtstag oder zu Weihnachten, denn daran sind wir alle schon gewöhnt. Es geht vielmehr darum, im Kontakt mit dem Kunden ein Lächeln zu erzeugen. Sie geben ihm damit ein Gefühl der Wertschätzung.

Kleine Dinge erzielen auch hier oft eine große Wirkung. Dabei muss es sich nicht einmal um etwas Wertvolles handeln. Es reichen schon einige Gesten oder aufmunternde Worte (siehe Kapitel »Anerkennung«) – aber bitte: Meinen Sie es ehrlich!

Verkauf den FISH!

⇨ Unsere Leute vom Pike Place Fish Market retten vielen Menschen den Tag, indem sie ihnen Spaß und Freude bereiten. Das ist auch eine Art »Service am Kunden«.

Sie betrachten es als ihren gesellschaftlichen Auftrag, Menschen glücklich zu machen. Sie lassen die Kunden teilhaben an ihrem fröhlichen Treiben. Und jeder will mitmachen. Da verfliegt so manche schlechte Laune.

Damit haben sie eindeutig einen Wettbewerbsvorsprung gegenüber anderen Fischmärkten – und so lüftet sich schön langsam das Geheimnis, warum gerade dieser Markt so besonders erfolgreich ist.

Überlegen Sie sich also:

- Wodurch können Sie den Tag Ihrer Kunden besser machen?
- Womit können Sie konkret Ihren Kunden eine Freude bereiten?

Verkauf den FISH!

Mehrwert

Jetzt wissen Sie im Prinzip alles, was Sie im Verkauf erfolgreich werden lässt. Und vor allem: Wenn Sie dies alles beachten, wird der Preis zur Nebensache. Denn das gesamte Konzept zielt in erster Linie darauf ab, bei Kunden einen »Mehrwert« zu generieren.

Marken »dürfen« schließlich mehr kosten. Und ab heute betrachten Sie sich und Ihre Produkte einfach als »Marke«.

Aber glauben Sie mir: Der Glaube vieler Marketer, durch ein großes Werbebudget mit schöner Werbung automatisch einen solchen »Mehrwert« zu erzeugen, ist ein Irrglaube. Mit Werbung erreichen sie nur einen gewissen Bekanntheitsgrad und ein bestimmtes Image, aber sonst nichts – reichlich wenig also für so viel Aufwand.

Um einen »Hype« oder einen echten Kult zu erzeugen, brauchen Sie dagegen die »richtigen« Verkäufer oder Präsentatoren. Diese Leute müssen Vorbildwirkung haben, um die Kunden zu überzeugen, ihnen zu folgen. Echte Leader also. Die sind zwar etwas teurer, dieser Aufwand rechnet sich aber, da gerade sie einen höheren Preis durchsetzen können und mehr Umsatz machen.

Eine Marke muss mit so viel Emotionen aufgeladen werden, dass die Kunden nur mehr dieses Produkt wollen. Dabei können Sie ruhig von einem Marktanteil von 75 % ausgehen. Ein paar Außenseiter gibt es immer.

⇨ Hätte der Pike Place Fish Market nicht diese Verkäufer, wäre er nur halb so viel wert. Sie sollten daher größtes Augenmerk darauf legen, wer Ihre Marke repräsentiert. Kurzfristige Gewinnmaximierung ist hier der falsche Weg. Ich habe acht Jahre gebraucht, um aus meinen Marken etwas wirklich Besonderes zu machen – und das, obwohl das Marktwachstum negativ war. Denn – und das wissen wir alle – in einem stark wachsenden Markt ist jeder erfolgreich, denn er partizipiert am natürlichen Wachstum. Schwieriger ist es in einem stagnierenden Markt oder in Zeiten wirtschaftlicher Stagnation.

Ich behaupte: Jedes Unternehmen kann seine eigenen Wege gehen und immer erfolgreich sein. Beispiele dafür gibt es genügend.

■ Serviceorientierung

Wenn Sie sich von Ihren Mitbewerbern abheben möchten, dann brauchen Sie in der heutigen Zeit außerdem einen exzellenten Service.
In diesem Bereich sind die Europäer den Amerikanern bei weitem unterlegen. Ich beobachte schon seit vielen Jahren,

wie viele Firmen hierzulande mit ihren Kunden umgehen. Das ist manchmal erschreckend.

Zwar wird die Verkäufer überall eine Art »oberflächliche Freundlichkeit« gelehrt, aber eine echte Serviceorientierung finden Sie dort kaum; der »Dienst am Kunden« ist dort nach wie vor ein leeres Schlagwort. Die meisten Firmen wollen viel lieber aus ihrem Service ein Extrageld herausholen. Ich halte diese Gier langfristig für kein Erfolgsrezept – ganz im Gegenteil. Aber (und Gott sei Dank!) dieses Shareholdervalue-Konzept, überall zusätzliches Geld herausholen zu wollen, ist inzwischen schon wieder »Schnee von gestern«.

Es braucht sich auch niemand zu wundern, warum die Markentreue immer geringer wird. Und es braucht sich niemand zu wundern, dass die Discounter so hohe Wachstumszahlen erreichen. Die Konsumenten wurden schon zu oft enttäuscht, wenn nicht sogar getäuscht.

In einem Markt mit vielen Anbietern kann ich als Kunde sehr schnell die Firma wechseln. Bei mir bekommt jedes Unternehmen eine Chance – aber sicher nur eine einzige. In dem Augenblick, in dem meine Erwartungen nicht erfüllt werden, bin ich auch schon weg. Und gehe dorthin, wo ich die beste Betreuung bekomme. Im Internet ist der nächste Anbieter nur einen Klick entfernt.

Und der »Verkauf« beginnt oft erst nach dem Abschluss. Wie rasch wird geliefert? Wie werden meine Reklamationen erfüllt?

Verkauf den FISH!

Kümmert man sich um mich auch, nachdem ich unterschrieben habe? Werden meine Fragen prompt beantwortet? Usw.

Die Misere ist ein hausgemachtes Problem. Von den Verkäufern werden nur Abschlüsse erwartet, denn danach werden sie gemessen. Der Verkauf muss aber nebenbei laufen. Er ist das Ergebnis einer Vielzahl von einzelnen Handlungen.

⇨ Am Pike Place Fish Market kommen Sie aus dem Staunen nicht heraus, was Ihnen dort an Service geboten wird. Und die Kunden sind auch bereit, das zu bezahlen. Nicht selten bekommt jemand noch eine Kostprobe, obwohl er bereits etwas gekauft hat. Zeigen Sie mir das in Europa!

Unsere Fischhändler haben es sich zur Aufgabe gemacht, dass jeder Besuch am Fischmarkt ein Erlebnis wird. Unabhängig von Kauf oder Nichtkauf. Sie bieten den besten Service und geben dem Kunden das Gefühl, dass sich alles um ihn dreht.

Überraschen Sie also Ihre Kunden. Seien Sie Ihrer Konkurrenz einen Schritt voraus. Bieten Sie Ihren Kunden ein »Wow!«-Erlebnis. Hier geht es oft nur um Kleinigkeiten, die Sie anbieten, andere aber nicht.

Und seien Sie sich dessen bewusst, dass nicht jeder Kunde den gleichen Deckungsbeitrag einbringt. Manche Kunden liefern Ihnen das Brot, manche Brot und Butter, und andere nur die Butter.

Das »Bild dahinter«

Wie wir bereits festgestellt haben, sind die Leitbilder vieler Unternehmen viel zu überladen. Sie werden kaum eine größere Gruppe von Menschen finden, die auch alle diese Vorgaben umsetzen können.

Nachfolgend stelle ich Ihnen einen anderen, einfacheren Ansatz vor, der auch schon völlig ausreichend ist. Ich nenne ihn »das Bild dahinter«.

Es reichen vier Fragen, die Sie beantworten müssen:

- Warum ist es sinnvoll, dass wir das tun?
- Was ist unser gesellschaftlicher Auftrag?
- Was ist unsere Vision?
- Was können wir für unsere Kunden tun?

Dieser Ansatz wirkt für die Eigenmotivation der Mitarbeiter wahre Wunder. Denn nur jemand, der seinen Auftrag kennt, kann handeln und ist »unterwegs« zu seinem Horizont.

Warum gibt es immer wieder Unternehmen, die selbst in wirtschaftlich schwierigen Zeiten sehr erfolgreich sind?

Sie arbeiten mit dem »Bild dahinter«:
- Weil ihre Vision zum aktuellen Zeitgeist passt.

Verkauf den FISH!

- Weil sie einen gesellschaftspolitischen Auftrag verfolgen.
- Weil sie ihre Tätigkeit sinnvoll finden.
- Weil sie sich überlegen, was sie für ihre Kunden tun können.

Dieses Bild steht deshalb hinter allen Handlungen eines Unternehmens. Dennoch muss es auf die verschiedenen Abteilungen und Beteiligten heruntergebrochen werden. Denn sie haben lauter verschiedene Psychogramme mit unterschiedlichen Ausprägungen.

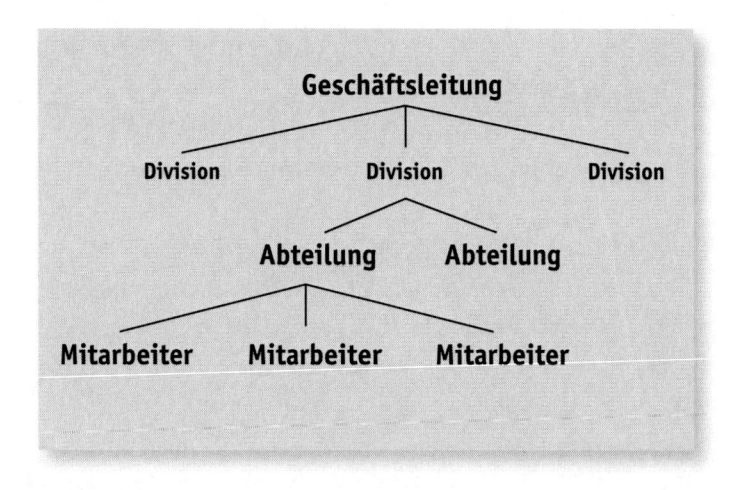

```
                    Geschäftsleitung
              /            |            \
        Division       Division       Division
                    /            \
              Abteilung        Abteilung
              /     |     \
       Mitarbeiter Mitarbeiter Mitarbeiter
```

Nur selten können sich alle Mitarbeiter eines Unternehmens von Anfang an mit diesem Bild der Geschäftsleitung identifizieren.
Eine hundertprozentige Identifikation mit diesem Bild ist aber die Bedingung für ein hundertprozentiges Commitment. Und das brauchen Sie, wenn Sie »120 % Leistung« haben möchten.

⇨ Im Falle des Pike Place Fish Market haben wir diese Bereitschaft von allen Beteiligten. Die Mitarbeiter identifizieren sich alle mit dem gleichen »Bild dahinter«.
Sie finden ihre Tätigkeit sinnvoll, da sie Spaß macht.
Ihr gesellschaftlicher Auftrag ist es, Menschen glücklich zu machen.
Ihre Vision ist es, weltberühmt zu werden.
Sie liefern ihren Kunden den besten Fisch und Service.
Diesem Ziel haben sich alle Beteiligten verpflichtet. Wie Sie sehen, stecken hier keine materiellen Ziele darin. Es geht hier um eine Meta-Ebene.

Da es allerdings nur eine kleine Gruppe ist, haben sie diesen kleinsten gemeinsamen Nenner. In einem Konzern finden Sie gerade einmal die Konzernspitze, die sich darauf einigen kann. Wie wollen Sie z. B. 2 000 Mitarbeiter finden, die sich alle mit dem gleichen »Bild dahinter« identifizieren können?

Ich finde deshalb eine Organisation in Teams oder »strategischen Geschäftseinheiten« sehr praktisch, denn hier können Sie für jedes Team (oder für jede »strategische Geschäftseinheit«) ein eigenes »Bild dahinter« gestalten lassen. Ihre Teammitglieder werden damit hundertprozentig motiviert sein.

Bei einer herkömmlichen Organisation brauchen Sie zumindest für jede Abteilung ein »Bild dahinter«. Denn jede Abteilung hat im Unternehmen eine etwas andere Aufgabenstellung.
Wenn Sie ein Team zusammenstellen oder neue Mitarbeiter rekrutieren, dann brauchen Sie nur die obengenannten vier

Fragen stellen, und Sie wissen, wie Ihre Leute zusammenpassen.

Im Verkauf müssen Sie noch einen Schritt weitergehen. Hier braucht jeder Verkäufer sein eigenes Bild. Denn er steht alleine an der Front – dem Kunden direkt gegenüber.

■ Verkaufen mit dem »Bild dahinter«

Verkaufen erfordert große Ausdauer und viel Kraft, um sich immer wieder selbst zu motivieren. Die meisten Verkäufer sind alleine unterwegs und partizipieren nicht an einer »guten Stimmung« im Büro – im Gegenteil: ist es doch ihre Aufgabe, dem Kunden gegenüber auch als Einzelkämpfer ständig »gut drauf« zu sein.

Um hier ein optimales Ergebnis zu erzielen, ist es notwendig, dass jeder Verkäufer mit seinem »Bild dahinter« verkauft. Denn dieses Bild gibt Freude, Kraft, Ausdauer und das Gefühl, das Richtige zu machen; hieraus kann er neue Motivation und neue Energie schöpfen – sofern das Bild stimmt.

Ich gebe Ihnen hier 12 Motive, nach denen Sie Ihr »Bild dahinter« gestalten können:

Typ 1:   Erfolg, Triumph, an die Spitze, Eroberung
Typ 2:   Geld und Besitz, Materie und Werte
Typ 3:   Abwechslung, Kontakte, Wissen, Neugierde als Motivation

Verkauf den FISH!

Typ 4: Familiäres Arbeitsklima und Bemuttern
Typ 5: Mittelpunktstreben, Dominanz, berühmt werden
Typ 6: Arbeiten, Dienen, Freude an Präzision
Typ 7: Harmonie, Vermitteln
Typ 8: Macht, Missionieren, Idealismus
Typ 9: Weiterbildung, Wachstum, Expansion
Typ 10: Leistung aus Verantwortung, Karriere
Typ 11: Unabhängigkeit, außergewöhnlich sein, Erfindungen
Typ 12: Helfen, Träume verwirklichen, Kunst

Daraus können Sie Ihren persönlichen Mix zusammenstellen.

Beispiel:

Ich finde meinen Job sinnvoll, weil ich viele Leute kennen lerne.
Mein gesellschaftlicher Auftrag ist, andere mit meiner Botschaft zu missionieren.
Meine Vision ist es, in meinem Verkaufsgebiet Marktführer zu werden.
Ich kann meinen Kunden dienen und ihnen helfen, ihre Träume zu verwirklichen.

Ein ziemlich egoistisches »Bild dahinter« wäre zum Beispiel:
Ich finde meinen Job sinnvoll, da ich viel Geld verdienen kann.
Mein gesellschaftlicher Auftrag ist es, Macht zu erreichen.
Meine Vision ist, reich und berühmt zu werden.
Ich kann meinen Kunden billige Produkte um teures Geld verkaufen.

Allerdings: Es gibt kein gutes und kein schlechtes »Bild dahinter«. Es soll nur zum jeweiligen Verkäufer passen, damit er in seinem Job besonders gut wird. Ob das egoistisch ist oder ob es »rein hehren Zielen« folgt, ist dafür unbedeutend.

Bill Gates hatte in etwa folgendes »Bild dahinter«:
Sinn: das Arbeiten erleichtern.
Gesellschaftlicher Auftrag: den Fortschritt vorantreiben.
Vision: Auf jedem Schreibtisch-PC auf der Welt läuft Microsoft.
Tun für den Kunden: Wir helfen dem Kunden bei der Arbeit.

Die Vision lebt

Sie erinnern sich? Am Anfang steht die Vision. Doch jede Vision ist wertlos, wenn sie nicht mit Leben gefüllt wird.
Aber – und das ist wichtig – Ihre Vision muss mit Ihrem ureigenen Motiv zu tun haben, sonst geht sie nicht auf. Ich hatte einmal einen Arbeitgeber, der immer davon erzählte, er wolle einen weltweiten Konzern aufbauen. In Wahrheit – und das war sehr schnell zu durchschauen – war er nur ein extremer Materialist. Nun, er ist wohlhabend geworden, aber aus seinen Expansionsplänen ist nichts geworden.

Eine Vision kann sich nur verwirklichen, wenn sie auch etwas mit Ihnen selbst zu tun hat. Dann haben Sie auch die richtige Anziehung und alles läuft wie von selbst. Nicht das, was jemand sagt, ist von Bedeutung, sondern auch das, was man sieht, und das, was man tut. Daraus wird dann das, was sich verwirklicht.

Verkauf den FISH!

Coaching: Leading by Motive

Reine Ertragsziele führen nicht zum Ziel, da sie die sozialen Faktoren der beteiligten Personen nicht berücksichtigen.

Nehmen wir als Beispiel eine Verkaufsorganisation mit verschiedenen Persönlichkeiten. Man kann diese über Verkaufsziele antreiben, unter Druck setzen oder aber auch mit ihrem Pflichtbewusstsein, ihrem schlechten Gewissen oder ihrer Angst spielen. Oft ist es auch möglich, über Hoffnungen und Zukunftsträume zu motivieren (Karotte vor dem Esel).

Auch Arbeitszwänge aufgrund verschiedener privater Verpflichtungen können sogenannte Workaholics erzeugen. Meist handelt es sich um mit Sorgen belastete Mitarbeiter. Und Sorgen sind negativer Stress, Hauptursache für das Burn Out.

Wer braucht Soldaten?

Wer brave Soldaten will, die nicht denken, sondern nur Befehle ausführen, der bekommt sie auch. Und sie sind leicht zu führen und tun immer, was man ihnen anschafft. Sie werden aber mit Sicherheit keine herausragenden Leistungen erbringen. Gerade im Verkauf ist das reine Abarbeiten von

Anfragen nicht genug. In umkämpften Märkten braucht man hochmotivierte Leute, die nicht nur über Kompetenz, sondern auch über Durchsetzungskraft verfügen.

Tatsächlich wäre es wesentlich konstruktiver, wenn auch schwieriger, die Mitarbeiter ihren ursprünglichen Motivationen gemäß zu fördern und zu führen.

Die gesellschaftlichen Ziele – mein Haus, mein Auto, meine Familie, mein Konsum usw. – sind nur so lange von Bedeutung, solange der Mensch nicht nachdenkt. Abhängig vom Intellekt, von der Bildung, von etwaigen Krankheiten und auch vom Besitzstand dieser Menschen kommt der eine früher und der andere später darauf, über diese Statussymbole nachzudenken.

Dann stellen sich für ihn erstmals diese Fragen:

- Worum geht es wirklich im Leben?
- Habe ich etwas erreicht oder nicht?
- Was habe ich erreicht?
- Befriedigt mich meine derzeitige Situation?
- Kann ich den derzeitigen Status quo aufrechterhalten oder muss ich etwas verändern?
- Was motiviert mich wirklich?

Und die alten Führungskonzepte funktionieren nur so lange, bis der Mensch wirklich nachdenkt. Oder bis das »angepasste Kind« zur Rebellion übergeht.

Keine Diktatur der Welt hat langfristig überlebt. Denn auch wenn Sie einen Strauch immer wieder zusammenstutzen, er treibt immer wieder aus. Und so ist es auch beim Menschen. Jeder Mensch ist ein energetisches System, dessen Energien sich nicht verdrängen lassen. Organisationen, die nach den alten Prinzipien operieren, haben eine extrem hohe Fluktuation und – damit verbunden – auch extrem hohe Kosten.

Ich arbeite stattdessen lieber in einer Organisation, in der alle Mitarbeiter eine hohe Eigenmotivation haben, Lebensfreude versprühen, Spaß bei der Arbeit haben und jeder auf dem Platz sitzt, auf dem er sich am wohlsten fühlt.

Viele Menschen müssen arbeiten, um ihre grundlegenden Bedürfnisse zu befriedigen und um die gesellschaftlichen Normen zu erfüllen. Zwar kann man heute noch immer viele Menschen über den Anreiz »Geld« motivieren, doch die wahren Wünsche und Bedürfnisse bleiben dabei unberücksichtigt.

Tatsächlich ist die Maslow'sche Bedürfnis-Pyramide noch immer aktuell, wenngleich die meisten Menschen immer größeren Wert auf ihre ureigenen Bedürfnisse legen. Insbesondere durch die heutige Breite der Mittelschicht und die Befriedigung der Grundbedürfnisse suchen immer mehr Menschen die Befriedigung ihrer ureigenen Bedürfnisse und Motivationen und machen sich auf die Suche ihres eigenen Ichs.
Persönlichkeitsbildende Maßnahmen sind daher der erste Schritt, um den eigenen verborgenen Motiven auf die Spur zu kommen.

Verkauf den FISH!

Nach meinen Untersuchungen ist der Motivationsfaktor Spaß zu haben der effizienteste. Dinge, die uns Spaß machen, machen wir einfach gerne. Wenn Sie Ihre ureigenen Bedürfnisse kennen, wissen Sie auch, was Ihnen Spaß macht. Bekommen Sie nun von Ihrem Chef Vorgaben, die Ihnen Spaß machen, sind Sie auch in Ihrem Job zufrieden.

Die Aufgabe einer modernen Führungskraft ist es, die verborgenen Anlagen und Talente zu erkennen und dementsprechend zu fördern. Mit anderen Worten: jeden Mitarbeiter auf den Platz zu stellen, auf dem er sich am besten entfalten kann und auf den er gehört.

Eine gute Führungskraft muss somit zum »Coach« werden.

⇨ Am Pike Place Fish Market haben sich alle dazu verpflichtet, sich untereinander zu coachen. Das erfordert einen Menge Selbstdisziplin. Und oft genug ist es von den Beteiligten erforderlich, dass sie über ihren eigenen Schatten springen.
Jeder setzt sich seine Ziele selbst, und die können je nach Motiv unterschiedlich ausfallen.

Hier nochmals die zwölf Motive, nach denen ein Mensch handelt:
Typ 1:   Erfolg, Triumph, an die Spitze, Eroberung
Typ 2:   Geld und Besitz, Materie und Werte
Typ 3:   Abwechslung, Kontakte, Wissen, Neugierde als Motivation

Typ 4: Familiäres Arbeitsklima und Bemuttern
Typ 5: Mittelpunktstreben, Dominanz, berühmt werden
Typ 6: Arbeiten, Dienen, Freude an Präzision
Typ 7: Harmonie, Vermitteln, Liebe
Typ 8: Macht, Missionieren, Idealismus
Typ 9: Weiterbildung, Wachstum, Expansion
Typ 10: Leistung aus Verantwortung, Karriere
Typ 11: Unabhängigkeit, außergewöhnlich sein, Erfindungen
Typ 12: Helfen, Träume verwirklichen, Kunst

Davon abgeleitet das Ziel, welches jeden Einzelnen befriedigt:

Typ 1: Marktführer, an die Spitze des Verkaufsrankings
Typ 2: Umsatzvorgabe, materielle Ziele
Typ 3: Kundenzahl als Vorgabe
Typ 4: Kundenzufriedenheit, familiäres Arbeitsklima
Typ 5: Leitende Position in Aussicht stellen, berühmt werden
Typ 6: Möglichst viel Arbeit als Vorgabe
Typ 7: Diplomatische Ziele
Typ 8: Ideale als Vorgabe
Typ 9: Expansion als Vorgabe
Typ 10: Verantwortung als Vorgabe, Karriere
Typ 11: Das außergewöhnliche Ziel
Typ 12: Fließen lassen

Wenn wir einem Unternehmen ebenfalls diese Motive unterstellen, dann lassen sich folgende Unternehmensphilosophien ableiten:

Verkauf den FISH!

U 1: Marktführerschaft
U 2: Ertragsziel, Gewinnmaximierung, Deckungsbeitrag
U 3: Diversifikation, breites Angebot
U 4: Marktversorgung
U 5: Marktbeherrschung
U 6: Perfektionismus, Rationalisierung
U 7: Design
U 8: Marktmacht
U 9: Expansion
U 10: Seriosität
U 11: Innovation, Zeitgeist
U 12: Helfen

Sie sehen: Rein ertragswirtschaftliche Ziele sind nur für das Unternehmen 2 passend. Alle anderen verfolgen ganz andere Ziele, was aber nicht bedeutet, dass sie keine Kostenrechnung brauchen.

Zusammenfassung

Ich habe Sie jetzt durch eine ganze Reihe neuer Ansätze geführt und möchte abschließend alles zusammenfassen, um Ihnen einen kurzen Überblick zu verschaffen, was Sie tun sollten, um zu einem erfolgreichen Verkäufer zu werden.

Als Erstes müssen Sie sich über sich selbst im Klaren werden:
- Was motiviert Sie wirklich und wo wollen Sie hin?
- Was wollen Sie wirklich erreichen?

Das erfordert eine psychologische Analyse Ihrer Persönlichkeit und kann einige Zeit dauern. Um diese Analyse abzukürzen, gibt es die Methode des Horizontmachens. Dabei erreichen wir eine tiefgründige Analyse Ihrer wahren Bedürfnisse und decken das ureigene Motiv auf.

Wenn Sie Ihr ureigenes Motiv kennen, können Sie Ihre Vision davon ableiten. Die kann durchaus ein wenig verrückt sein.

Als Nächstes müssen Sie sich von der Vergangenheit lösen und Ihre negativen Erfahrungen aus Ihrem Unterbewusstsein löschen (Mentaltraining, EFT oder NLP usw.).

Jetzt können Sie darauf aufbauen und mit dem ersten Schritt beginnen. Als Belohnung erhalten Sie sofort Ergebnisse.

Verkauf den FISH!

Mit Mentaltraining und Emotionaltraining verwandeln Sie Ihre Schwächen in Stärken.

Als Nächstes integrieren Sie das Magic Selling und die »FISH!-Philosophie« in Ihren Arbeitsalltag. Wenn Sie das alleine nicht schaffen, bieten wir auch dazu die entsprechenden Schulungen an.

Somit steht Ihnen nichts mehr im Wege, zu einer erfolgreichen Verkaufspersönlichkeit zu werden.

Übrigens: Alles Gesagte gilt nicht nur für externe Kunden. Wenn Sie sich an das Konzept des »Total Quality Management« erinnern, so sind demgemäß auch die internen Abteilungen eines Unternehmens durch interne Kundenbeziehungen geprägt. Wenn Sie also Ihre Kollegen, mit denen Sie im Unternehmen zusammenarbeiten, ebenfalls als Ihre »Kunden« betrachten, dann haben auch sie natürlich die gleiche Behandlung verdient wie Ihre externen Kunden.

Verkauf den FISH!

Kiening Profilanalyse der Ur-Motive

Kreuzen Sie bitte pro Frage maximal zwei auf Sie passende Antworten an.

1. Was ist Ihr Hauptmotiv im Leben?	Trifft zu
Schnell Resultate sehen	1
In Gemütlichkeit das Leben genießen	2
Neugierig immer neues auskundschaften	3
Ein Leben fürs Gefühl	4
Die Freude am Spiel	5
Rationales Wissen dienend weitergeben	6
Ein Leben für die Harmonie	7
Der größte Sieg ist der Sieg über sich selbst	8
Bildung und Reisen ist mein Lebenselixier	9
Den Gipfel des Berges erreichen	10
Die Welt durch Ideen und Erfindungen verbessern	11
Sehnsucht nach der Verschmelzung	12

2. Was sind Ihre vorherrschenden Stimmungen?	Trifft zu
Mut, Tapferkeit, Direktheit	1
Ruhe, Sinnlichkeit, Bodenständigkeit	2
Heiterkeit, Vielseitigkeit, Geselligkeit	3
Hingabe, Fürsorglichkeit, Gefühlstiefe	4
Verspieltheit, Kraft, Ausstrahlung	5
Sorgsamkeit, Vernunft, Pflichtbewusstsein	6
Charme, Eleganz, Diplomatie	7
Idealismus, Opferbereitschaft, hoher Anspruch an sich	8

Verkauf den FISH!

Optimismus, Toleranz, Großzügigkeit	9
Ausdauer, Ernsthaftigkeit, Verantwortung	10
Originalität, Genialität, Veränderungslust	11
Mitgefühl, Sensibilität, Phantasie	12

3. Was ist Ihr Lebensmotto?	Trifft zu
Hoppla, hier komm ich!	1
Hast du was, bist du was.	2
Wisst ihr schon das Neueste?	3
Schau mir zärtlich in die Augen.	4
Wo ist hier der Thron?	5
Erst gurten, dann fahren!	6
Zu schön, um wahr zu sein.	7
Rache ist süß.	8
Lachen ist die beste Medizin.	9
Erst die Arbeit dann das Spiel.	10
Besser schrullig als 08/15.	11
Ja, wo ist er denn?	12

4. Mit welchen Sprichwörtern stimmen Sie überein?	Trifft zu
Wo ein Wille ist, ist auch ein Weg	1
Geld regiert die Welt	2
Reden ist Silber, Schweigen ist Gold	3
Trautes Heim, Glück allein	4
Es ist nicht alles Gold was glänzt	5
Wer den Cent nicht ehrt, ist den Euro nicht wert	6
Wer die Wahl hat, hat die Qual	7
Wer zuletzt lacht, lacht am besten	8
Jeder ist seines Glückes Schmied	9
Gut Ding will Weile haben	10
Wer im Glashaus sitzt, soll nicht mit Steinen werfen	11
Stille Wasser gründen tief	12

5. Was sind Ihre Lieblingsfarben	Trifft zu
Orange, feurige Farben	1
Saftiggrün, erdige Farben	2
Himmelblau, luftige Farben	3
Pastelltöne	4
Gold, kräftige Farben	5
Sandfarben, gedeckte Farben	6
Blaugrün ruhige, luftige Farben	7
Schwarz - weiß, Schwarz – Rot, Kontraste	8
Kardinalsrot, leuchtende Farben	9
Schwarz, dunkle Farben	10
Blitzlichtfarben	11
Rosa, hell-lila, blasse Farben	12

6. Was sind Ihre Lieblingsformen	Trifft zu
Spitz, kurz, geradlinig	1
Rund, bauchig, stämmig	2
Verästelt, angedeutet, feingliedrig	3
Weich, schwammig, umhüllend	4
Zentriert, voll, ausdruckskräftig	5
Detailbetont, sorgfältig, präzise	6
Beschwingt, ausgewogen, dekorativ	7
Kontrastreich, extrem, provokativ	8
Schwungvoll, überladen, großzügig	9
Karg, streng, reduziert	10
Zick – Zack, wirr, abstrakt	11
Fließend, verschleiert, transparent	12

7. Wie würden Sie sagen, dass Sie Handeln?	Trifft zu
Selbstständig, impulsiv, direkt	1
Geduldig, hartnäckig, ökonomisch	2
Gewandt, geschickt, rastlos	3

Verkauf den FISH!

Gefühlbetont, hilfsbereit, reaktiv	4
Selbständig, entschlossen, risikofreudig	5
Fleißig, kleinlich, sorgfältig	6
Höflich, taktvoll, charmant	7
Energisch, Kamikaze	8
Überblickend, sinnvoll, überheblich	9
Strebsam, ehrgeizig, ausdauernd	10
Spontan, plötzlich, eigenwillig	11
Samariter, uneigennützig feinfühlig	12

8. Was sind Ihre Lieblingsorte?	Trifft zu
Schlachtfeld, Turnierplatz	1
Stammtisch	2
Buchhandlung, Cafe	3
Zuhause	4
Spielkasino, Spielplatz	5
Arbeitsplatz	6
Kunstgalerie, Boutique	7
Keller	8
Disneyland	9
Gletscher, Bergwerk	10
Zirkus, Flugzeug	11
Kloster, Einsamkeit	12

9. Welches der folgenden Tiere gefällt Ihnen besonders?	Trifft zu
Jagdhund, Tiger	1
Hausschwein, Kuh	2
Pudel, Gans, Huhn	3
Kaninchen, Robbe, Meerschweinchen	4
Löwe, Dogge, Adler	5
Ameise, Schlittenhund	6
Flamingo, Zierpudel	7
Schlange, Hai, Dobermann	8

Verkauf den FISH!

Pferde, Bernhardiner, Schwan	9
Ziege, Schäferhund	10
Känguru, Giraffe, Afghane	11
Seepferdchen Promenadenmischung	12

10. Welche Tänze bevorzugen Sie?	Trifft zu
Rock´n Roll	1
Schuhplattler	2
Foxtrott, Cha-Cha-Cha	3
Blues	4
Samba	5
Standardtänze	6
Showtanz, Can-Can	7
Flamenco, Striptease	8
Wiener Walzer	9
Klassisches Ballett	10
Break Dance	11
Tempeltanz, Schleiertanz	12

11. Was ist Ihre Lieblingsmusik?	Trifft zu
Jugendliche Musik	1
Volksmusik, Chor	2
Operette, Wanderlieder	3
Volksmusik	4
Heiße Musik, Disco - Musik	5
Sozialkritische Balladen	6
Chansons, Musik mit Streichern	7
Soul, Heavy Metal	8
Kirchenmusik, Musik von gr. Amerikanischen Entertainern	9
Kammermusik	10
Elektronische Musik ohne Gesang	11
Sphärenklänge, Hintergrundmusik	12

Verkauf den FISH!

12. Welche der folgenden Länder mögen Sie besonders?	Trifft zu
Mexiko	1
Schweiz	2
Türkei	3
Italien	4
Spanien	5
Norwegen	6
Österreich	7
Japan	8
USA	9
England	10
Monaco	11
Alaska	12

13. Was lesen Sie in Ihrer Freizeit am Liebsten?	Trifft zu
Kriegsromane	1
Heimatromane	2
Informative Literatur	3
Liebesromane	4
Macht- und Geldromane	5
Dokumentarbücher	6
Kunstbände	7
Spionageromane	8
Reiseromane	9
Sachbücher	10
Science-fiction, Fantasy	11
Mystische Literatur	12

14. Welche Küche schmeckt Ihnen am Besten?	Trifft zu
T-Bone-Steak, vorwiegend Fleisch	1
Schweinebraten, Hausmannskost	2
Einfache Nudelgerichte, Wiener Würstel	3
Aufwendigere Nudelgerichte (Lasagne, Tortellini)	4

Verkauf den FISH!

Filet in Rotweinsauce	5
Kalte Platten, gesunde Küche	6
Nouvelle Cuisine	7
Warmer Leberkäse	8
Böhmische Küche	9
Suppenfleisch	10
Speisen aus dem Drucktopf	11
Vegetarische Küche, Reisgerichte	12

15. Was sind Ihre Lieblingsgetränke?	Trifft zu
Klarer, harte Sachen	1
Bier; Spritzer	2
Limo	3
Milch	4
Glutvoller Rotwein	5
Kräutertee	6
Cocktail	7
Fernet Branca	8
Bowle	9
Schwarzer Tee	10
Sekt	11
Wasser	12

Tragen Sie bitte nachfolgend Ihre Antworten in Strichen in das jeweilige Feld. Die häufigsten Striche kennzeichnen bei Ihren Ur-Motive. Eine genauere Analyse finden Sie auf unserer Homepage www.kiening.eu.

Verkauf den FISH!

Auswertung der Ur-Motive	Trifft zu
1: Siegertyp: Siegen	
2: Zahlenmensch: Reichtum	
3: Neugierige: Wissen	
4: Gefühlvolle: Umsorgen	
5: Souveräne: Herrschen	
6: Arbeiter: Dienen	
7: Vermittler: Liebe	
8: Ideologe: Macht	
9: Missionar: Glaube	
10: Verantwortliche: Verantwortung	
11: Außergewöhnliche: Freiheit	
12: Sensible: Helfen	

Literatur und Anmerkungen

1. Vgl.: Dölger/Halfer: Motivation mit Fish! S. 7, Mainz 2003
2. Vgl.: Dölger/Halfer: Motivation mit Fish!; S. 8, Mainz 2003
3. Vgl.: Dölger/Halfer: Motivation mit Fish!; S. 9, Mainz 2003
4. Vgl.: Meyer: Jeder bekommt den Partner, den er verdient. München 1997
5. Vgl.: Lundin/Paul/Christensen: Fish!, Ein ungewöhnliches Motivationsbuch; S. 38 ff. Wien 2001
6. Vgl.: www.careercenter.at
7. Vgl.: Lundin/Paul/Christensen: Fish! Ein ungewöhnliches Motivationsbuch; S. 67 ff. Wien 2001
8. Lundin/Paul/Christensen: Fish! Ein ungewöhnliches Motivationsbuch; S. 73 ff. Wien 2001
9. Lundin/Paul/Christensen: Fish! Ein ungewöhnliches Motivationsbuch; S. 70 ff. Wien 2001
10. Vgl. Umfrage von TNS Emnid im Auftrag der JOB AG (Fulda), 2010, zitiert bei www.visavis.de: Arbeitsklima-Index steigt wieder an; http://www.visavis.de/unternehmen/modules.php?name=News&file=article&sid=18464; sowie Markant Unternehmensberatung GmbH: Spaß am Job. Ergebnisse einer repräsentativen Konsumentenbefragung. In: pts 052/06.10.2004. Internet: http://www.pressetext.com/news/20041006052

Index

A

ABC-Analyse 256
Abenteuer 202, 205
Abgrenzen 158
abschließen 34, 230
Abschluss 151, 156, 160–161, 226, 228–229, 233, 263
Abschlusstechniken 230
Abteilung 55, 267
Affirmation 135
Aktivierung 236
Albernheit 161
Alltag 24–25, 253
Alter 36, 78, 106
Analyse 105–106, 256, 279, 287
anbieten 151, 200, 246, 264
Anerkennung 94–96, 202–203, 205, 237, 258
Anfang 38, 40–41, 49, 65, 266, 271
Angebot 79, 234–235, 278
angepasst 106, 274
Angestellter 205
Angst 17, 20, 39, 203, 228, 240, 273
Anliegen 203
Anpassung 106
Anziehung 26, 49–53, 55, 64, 66, 75, 91, 101, 271
Anzug 154
Arbeitgeber 36, 271
Arbeitsalltag 247–248, 280
Arbeitsumfeld 244, 249
Arbeitswelt 251
Arbeitszeit 119
Arbeitszwänge 273

Argument 98, 205
Attraktion 38, 225
Aufgabe 69, 82, 91, 154, 157, 160, 245–246, 250, 264, 268, 276
Aufgabenstellung 267
Aufmerksamkeit 255–256
Auftragsformular 230
Aufwand 36, 261
Augenkontakt 167
Ausbildung 36, 63
Ausnahme 24, 43, 70, 111, 228
Ausnahmefrage 212
Ausreden 14, 27
Außendienst 245
Außendienstmitarbeiter 118
außergewöhnliche Frage 180, 208, 211, 213, 215, 217, 219, 221, 223
Außergewöhnlichkeit 45
Äußerlichkeiten 51, 153–154
auszahlen 257
Auto 36, 51, 153, 203, 245, 274
Autokauf 212

B

Bankkonto 51–52, 153, 171
Bedarf 151
Bedeutung 17, 55, 67, 75, 91, 93, 271, 274
Bedürfnis-Pyramide 275
Bedürfnisse 69, 275–276, 279
Befriedigung 275
Begeisterung 161, 200, 230
begrenzt 234
Begründung 126, 154
Behandlung 280
behutsam 161
Benehmen 255

Beratung 130, 233
Bereich 61, 74, 107, 262
Besitz 45, 95, 202, 268, 276
Besonderes 89, 246, 262
bestätigen 99
Bestätigung 99, 231, 241
Bestätigungen 135, 182
Bestelldaten 230
Betreuung 263
beurteilen 83, 171
Beute 229
Beziehung 25, 71, 151, 155–157, 225
Bezugsrahmen 166–167, 171–173, 175, 177, 182, 211
Bild 20–22, 202, 265–270
Bilder 20, 22, 42, 241
Bildung 95, 204, 274, 281
Bill Gates 270
Burn Out 273

C

Charme 281
Chef 8, 31, 72, 154, 276
Coach 50, 72, 276
Coaching 273
Computerkauf 218

D

Defizit 94–95
Denker 26, 88–89, 161
Denkstruktur 160
Design 278
Designkäufer 181, 189, 197
Dialog 211, 236
Dienen 45, 63, 269, 277, 288
Dilemma 81, 84, 89, 98

Dinge 10, 17–19, 24–26, 46, 56, 60, 75, 81, 204, 238, 245, 249, 258, 276
Discounter 263
Diversifikation 278
Dominanz 45, 241, 269, 277
Durchschnitt 15, 102

E

Ebenbürtigkeit 156, 158
Effizienzsteigerung 248
EFT. *siehe Emotional Freedom Technique*
22
egoistisch 269–270
Eigenmotivation 265, 275
Eigenwert 52, 101–103
Einfluss 18, 53, 85, 122, 237
Einsatz 43, 257
Einstellung 9, 26–28, 36, 51, 58, 61, 73, 87, 241, 243–244, 246, 251
Einstiegsfrage 177
Einwände 227, 238
einzigartig 225
Eltern 82, 87, 97, 106–107, 109
Emotional Freedom Technique 293–306
Emotionaltraining 66, 98, 134–135, 280
Emotionen 6, 142, 147, 161, 241, 252–253, 262
Empathie 172–173
Energie 107, 250, 268
Entertainment 234, 253
Enthusiasmuskäufer 181, 191, 198
Entscheidung 49, 63–64, 107
Erfahrung 64, 94, 111
erfolgreich 15, 25, 30, 32, 35, 37, 42, 57, 59, 62, 71, 84, 98–99, 101, 153, 161, 203, 238, 243, 256, 259, 261–262, 265
Erfolgsrezept 263
Ergebnis 24, 85, 99, 264, 268
Erlebnis 30, 35, 264

Erlösung 205
Ertragsziel 278
Ertragsziele 273
Erwachsene 21, 227, 251
Erwartung 94
Etikettierung 237
exklusiv 234–235
Exklusivität 235
Expansion 45, 73, 269, 277–278
Experte 57–58
Experten-Rolle 169

F

Faktor 51, 66, 159
Familie 72, 95, 203, 274
Fehler 37, 46, 153, 228
Fertigteilhaus 215
Fischhändler 42, 93, 98, 243–244, 248, 250, 256, 264
Fish! 9, 11
Formulierungen 236
Fragen 49–50, 96, 133, 163, 169, 176–178, 186, 207, 211,
 226–228, 235, 264–265, 268, 274, 294, 306
freiwillig 253
Freizeit 119, 154, 247, 253, 286, 294
Freude 8, 17, 26, 31, 45, 243–245, 251, 258–259, 268–269, 277,
 281
Freund 95, 155, 256
Freundeskreis 119, 122, 159, 294
Freundlichkeit 30, 156, 263
Führung 229
Führungskraft 69, 276

G

Gebiet 101
Geborgenheit 116–117, 186, 196, 203
Gefälligkeit 233

Gefühl 96, 161, 241, 256, 258, 264, 268, 281
Gegenleistung 233
Gegenteil 63, 87, 110, 205, 240, 263, 268
Geld 14, 19, 45–46, 76, 154, 202, 244, 256, 263, 268–269, 275–276, 282
Geschäft 36, 44, 73, 111, 158
Geschäftsabschluss 131
Geschäftseinheiten 267
Geschäftsleitung 266
Geschenk 204, 233
Gesellschaft 53, 101, 205
Gespräch 50, 110
Gesprächspartner 21
Gestik 131, 167, 179
Gesundheit 23, 203
Gewinnmaximierung 262, 278
Gewissen 233–234, 273
Gier 263
Glaube 13, 57, 59, 205, 261, 288
Glaubenssätze 13, 19–22, 24, 27, 51, 90, 94, 113, 167, 173
glücklich 72, 259, 267
gratulieren 231
Grund 17, 19, 21, 27, 43–45, 55, 57–58, 60, 65, 70, 76, 97, 160, 235
Grundbedürfnisse 275
Grundhaltung 106

H

Haltung 164, 171–172, 178–179, 226, 295
handeln 35, 258, 265
Handlungen 95, 108, 226, 264, 266
Harmonie 45, 269, 277, 281
Hauptmotiv 281
Haus 85, 101, 153, 155, 239, 274
Helfen 45, 269, 277–278, 288
Hemmung 97, 106

Hobby 159, 248
Humor 237

I

Idealismus 45, 269, 277, 281
Idealist 204
Idee 11, 37–38, 40, 42, 50, 87, 89–90, 200, 252
Ideenkäufer 181, 190, 198
identifizieren 266–267
Image 76, 78, 86, 261
Impulskäufer 181, 183, 195
indirekte Kompliment 195
Information 228
Innovation 278
Interaktion 105
Interesse 159, 226–227, 257
Internet 37, 40, 263
Intervention 106
Investition 202

J

Jäger 229
Ja-Kette 235
Job 9, 23, 45, 71, 74, 83, 111, 244, 248, 269–270, 276

K

Karriere 45, 57, 73, 95, 205, 269, 277
Kauf 30, 36, 63, 231, 264
Kaufen 33, 174, 246
Kaufentscheidung 176, 182, 241
Kauflust 175
Kaufmotive 163, 181, 211–212
Kaufsignale 151, 226–228
Kaufverlangen 234
Kaufvertrag 226

Kind 73, 106, 108–110, 229, 240, 274
Kinder 21, 60, 65, 83, 95, 106, 251
Kleidung 23, 153–154
Kleinigkeiten 264
Kollegialität 248
Kommunikation 81, 105, 107, 109–110, 161, 201
Kommunikationsmodell 200
kommunizieren 164, 167
Kompensation 110, 229–230. *Siehe auch* Kompensator
Kompensator 106, 108–110, 157–158. *Siehe auch* Kompensation
Kompetenz 274
Komplimente 176, 182, 211
komplimentieren 5, 182, 191, 195
König 155–156
Konkurrenz 50, 102, 226, 258, 264
Konkurs 153
Konsequenz 235
Konsumenten 141, 263
kontrollieren 203
Kooperation 236
Körper 23, 226
Körperhaltung 165, 167
Kosten 37, 43, 158, 200, 275
Kostenrechnung 278
Kostprobe 264
Krankheit 107
Kreativität 251
Kreislauf 99, 238–239, 249
Küchengeräte 222
Kultur 53, 98, 248
Kunde 70, 79–80, 99, 153–156, 200, 202, 205, 226–229, 231, 233–235, 238–240, 246, 255–256, 264
Kunden 7, 18, 29, 33, 39, 50, 53, 71–72, 79–80, 111–118, 120, 123–125, 129–131, 133, 142–145, 147–150, 153–155, 159, 161, 163–164, 166–169, 171–182, 195, 201, 204, 206–207, 211–212, 226–227, 230–231, 233–241, 246, 248,

253, 256–259, 261–270, 280, 305
Kundenbetreuung 130, 256, 297
Kundenbeziehungen 280
Kundendaten 230
Kundenfreundlichkeit 155
Kundenorientierung 256
Kundentyp 118
Kunst 45, 227, 269, 277

L

Lachen 250–251, 282
Lachtherapie 250
langfristig 23, 238, 244, 263, 275
Laune 248, 259
Leben 8, 14–15, 17, 19, 21, 23, 25, 27, 32, 34, 37, 49, 52, 59, 64–65, 91, 98, 203, 244, 247–248, 253, 271, 274, 281
Lebensfreude 23, 253, 275
Lebensgefühl 98
Lebensmotto 282
Lebensstil 120
Leistung 21, 45, 203, 266, 269, 277
Leitbilder 76, 265
Leute 23, 29, 32, 52, 62, 200, 234, 236–237, 245–246, 257, 259, 261, 268–269, 274
Lieblingsformen 283
Lieblingsgetränke 287
Lieblingsmusik 285
Lieblingsorte 284
Logik 249
Lösung 18, 77, 89, 160
lösungsorientiert 15, 160–161
Lösungssprache 174
loswerden 160
Lust 244

M

Macht 45, 158, 160, 228, 237, 269, 277, 286, 288
Magic Question 178–180, 211
Magic Selling 3, 5, 95, 163–164, 166, 169, 172, 174–175, 177, 280
Management 9, 280
Marke 32, 77, 101, 226, 252–253, 261–262
Markenprodukt 203
Markentreue 263
Marketing 30, 39–40
Marktanteil 262
Marktbeherrschung 278
Marktführer 8, 71, 101–102, 241, 269, 277
Marktmacht 278
Marktstand 252
Maschine 102, 155
Mehrwert 102, 261
Meinung 9, 61, 95
Mensch 9–10, 14–15, 17, 19–21, 26–27, 30, 32, 38, 45–46, 51–53, 55, 57–58, 60–61, 63, 69–71, 73, 76, 79, 81–83, 87–89, 91–95, 97, 99, 101–102, 105–107, 111, 153–154, 156, 158–160, 200–205, 234–235, 239, 241, 244–245, 247–248, 251, 255–259, 265, 267, 274–276
Menschenfreunde 257
Mentaltraining 22, 66, 103, 239, 279–280
Methode 21–22, 52, 65, 105, 159, 230, 241, 279
Mimik 131, 179
minderwertig 156
Missionieren 45, 269, 277
Mitarbeiter 35, 37–38, 42–43, 52–53, 57, 59, 69–70, 73–75, 77, 82, 265–267, 273–276
Mitbewerb 226
Mitbewerber 78, 167
Mitleidskäufer 181, 194, 200
Mitleidsmasche 230
Mitmenschen 203

Mittelpunkt 82, 202, 226, 229
Mittelschicht 275
Möbelkauf 217
Möglichkeit 28, 63, 89
Monolog 236
Motiv 44, 46, 70–71, 94, 271, 276, 279
Motivation 44, 46, 69-70, 135, 237, 268, 274–276
Motivationsfaktor 276
motivieren 9, 251, 268, 273, 275
motiviert 69, 71, 267, 274, 279
Mut 30, 43, 63, 281

N

Nebenprodukt 252
Nebenziele 257
negativ 19, 90, 262
nervös 96, 157
Neugierde 45, 268, 276
Neugierdskäufer 181, 185, 196
Neuro-Linguistisches Programmieren (NLP) 64
Nichtkauf 264
NLP 21, 64–65, 200, 279. Siehe auch Neuro-Linguistisches
    Programmieren
Nutzen 91, 230
Nutzenkäufer 181, 188, 197

O

Offenheit 167
Opposition 240
optisch 102
Organisation 32, 55, 84, 245, 250, 256, 267, 275, 305

P

Partner 18, 82, 95, 158, 204
Partnerschaft 55, 204

Person 57, 97, 105
persönlich 153, 229, 244
Persönlichkeit 40, 62–64, 105, 154, 202, 273, 279
Pflicht 256
Pflichtbewusstsein 273, 281
Pike Place Fish Market 29, 31–33, 36, 38, 41, 64, 75, 80, 93, 234, 238, 244, 246, 248, 251–253, 257, 259, 262, 264, 267, 276
präsent 256–258
Preis 102, 235, 261
Preis-Leistungs-Verhältnis 235
Prinzip 41, 63–64, 84–85, 110, 261
Prinzipien 275
Probleme 10, 15, 19, 27, 56, 60, 86, 89, 92, 111, 121, 163, 169, 175, 177, 223, 228, 239, 257
problemorientiert 15, 160
Problemsprache 174–175
Produkt 33–34, 49, 78, 102–103, 151, 160, 200, 202–205, 225–226, 228, 234–236, 238–241, 253, 262
Produkterklärung 228
Prophezeiung 238
Provision 246
Prozess 159
psychisch 256–257
Psychogramm 69–70, 76, 98
psychologisch 163
psychologische Analyse 279

Q

Qualität 47, 69, 88, 234–235, 238, 256
Qualitätskäufer 181, 184, 195

R

Rahmenbedingungen 8, 245
Rapport 158
Rationalisierung 278
Reaktion 227

Recht 19, 36, 47, 58, 61, 158, 227–228
Regel 21, 60, 75, 91–92, 111, 120, 124, 129, 131, 138, 145, 148, 167, 233, 257
Reisen 204, 281
Reklamation 263
Respekt 167–168
Reziprozität 233
Rolle 65–66, 97, 109–111, 156
Rollenspiel 97
Rollenwechsel 109

S

schlechtes Gewissen 233–234
Schwäche 78
Schwächen 58, 77–78, 155, 225, 280
Schwierigkeiten 18, 41, 65, 116, 118, 123–125, 175, 203
Seattle 24, 29, 33, 36, 226
Sehnsüchte 200
Sekretärin 44, 153
Selbstbewusstsein 86
Selbstsicherheit 113, 122, 126
Selbstverwirklichung 203
Selbstzweck 202
Service 258–259, 262–264, 267
Serviceorientierung 262–263
Shareholdervalue-Konzept 263
Show 33
Sicherheit 31, 85, 109, 156, 202–203, 229, 257
Skala 23, 207, 209–210, 213–214, 216, 218
Skalierungsfrage 206–207, 210–211
Skriptanalyse 106
Soldaten 60–61, 273
Solidarität 79, 156
Sorgen 27, 88, 186, 257, 273
Souverän 187, 230
Spaß 8, 24, 75, 245–251, 253, 259, 267, 275–276

Späße 161, 249
spiegeln 112, 179
spielen 91, 94, 251–253, 257, 273
Spitzenverkäufer 9
Spontankäufer 181, 193, 199
Sprache 106, 153, 159, 200, 229
stark 20, 55, 61, 77, 79, 97, 111, 237, 262
Stärke 102, 229
Statuskäufer 181, 187, 197
Stereoanlage 221–222
Stimmung 26, 159, 238, 268
Stimmungen 7, 281
streng 283
Stufe 159
suspekt 161
Swish 293–306
Sympathie 79, 156, 158–159, 236, 239
sympathisch 79, 158–159
System 31, 77, 85–86, 91–94, 97, 99, 106–107, 234, 244, 275

T

TA 105–106, 156, 229, 240, 251. Siehe auch Transaktionsanalyse
Team 53, 67, 69, 74–76, 78–79, 250, 267
Technik 229
Top-Verkäufer 25, 32, 153–154, 160, 201, 248, 256
Total Quality Management 280
Training 250
Transaktionsanalyse 105, 229, 240, 251
Traum 60, 151, 200–205
Träume 45, 201, 205, 241, 269, 277
Trick 10, 19, 246
Triumph 45, 268, 276
trotzig 240
Typ 13, 46, 72–74, 79, 95–96, 111, 205, 230, 238, 241, 268–269, 276–277

U

Überblick 279
überheblich 284
Überlastung 244
Übung 52, 249
Uhr 23, 203–204, 243
Umfeld 82, 245
umsatzgesteuert 257
Unabhängigkeit 45, 203, 269, 277
Unique Selling Proposition 225. *Siehe auch* USP
Unsicherheit 229, 240
Unterbewusstsein 50–53, 56, 60, 64–65, 67, 92, 239, 279
Unterhaltung 234
Unternehmen 24, 29, 32, 38, 53, 70, 72, 74, 76, 153, 238, 262–263, 265, 267, 278, 280
Unterordnung 106
Unterschied 29
Ur-Motiv 44, 75, 79, 281, 287
USP 151, 225

V

Veränderung 52, 77, 90, 98
Veränderungsprozess 98
Verantwortung 27, 36, 45, 73–74, 90, 98, 269, 277, 282, 288
Verantwortungskäufer 181, 192, 199
Vergangenheit 14–15, 42, 51, 64, 66, 84, 90, 279
Verhalten 63, 65, 107, 229, 235, 255
Verhaltensmuster 65, 90, 229
Verhaltenstraining 113
Verkauf 69, 159, 245–246, 252–253, 261, 263–264, 268, 273
verkaufen 5, 7, 24, 30, 32, 37, 76, 101–102, 143, 147, 151, 169, 225–226, 228, 233, 235, 238–239, 246, 252–253, 269
Verkäufer 25, 29, 31–34, 36, 70, 76, 78–80, 83, 101, 111, 153–155, 160, 201, 227–228, 230, 233, 237–238, 248, 253, 256–257, 261–263, 268, 270, 279

Verkaufsgespräch 116, 124, 133, 176
Verkaufsorganisation 273
Verkaufspersönlichkeit 51, 62, 280
Verkaufspräsentation 241
Verkaufsprozess 133
Verkaufspsychologie 233
Verkaufsvorgang 147, 236
vermeiden 23, 62, 160
Verschlossenheit 167
Versicherungen 214
Versorgungskäufer 181, 186, 196
Verständnis 239, 246
verstehen 9, 59, 69, 105, 160
Vertrauen 151, 153, 156, 159
verunsichert 228
verwirklicht 271
Vision 38, 40, 43, 46, 49–50, 84, 99, 265, 267, 269–271, 279
Vordergrund 205
Vorgaben 31, 70, 106, 265, 276
Vorgangsweise 234
Vorgesetzter 18, 50, 61, 69, 74, 107
Vorstellungen 68, 203
Vorstellungsfrage 211
Vorteil 160, 235, 252
Vorurteil 153

W

Wachstum 45, 262, 269, 277
Wahl 92–93, 231, 243–244, 282
Wahrheit 46, 271
Ware 143, 169, 200, 234, 236
Weg 40, 49, 59, 93, 98–99, 153, 160, 203, 205, 262, 282
Weiterbildung 45, 269, 277
weltberühmt 38, 41, 53, 75, 252, 267
Werbung 32–33, 40, 43, 261
Wert 73, 154, 204, 234, 275

Wertehaltung 167
Wertschätzung 204, 248, 255, 258
wertvoll 237
Wertvolles 258
Wertvorstellungen 113
Wettbewerb 18, 225
Wettbewerbsvorsprung 259
Wirkung 205, 258
Wirtschaft 46, 66, 159
Wissen 45, 202, 250, 268, 276, 281, 288

Y

Yokoyama, John 304–306

Z

Zeitgeist 265, 278
Zeitpunkt 37, 236
Ziel 15, 44, 52, 65, 70–71, 73–74, 267, 273, 277
Zielgruppe 73, 79, 258
Zuhören 5, 168, 178
Zukunft 37, 62, 83, 205, 256
Zuneigung 204
Zweimarkenstrategie 102